Lisa Glahn

Frauen im Aufbruch

20 Jahre Geschichte und Gegenwart Autonomer Frauenhäuser

UNRAST

Die Deutsche Bibliothek – CIP-Einheitsaufnahme

Lisa Glahn:
Frauen im Aufbruch : 20 Jahre Geschichte und Gegenwart Autonomer Frauenhäuser / Lisa Glahn ; Inés Gutschmidt. Hrsg. von Frauen Helfen Frauen e.V. – 1. Aufl. – Münster : Unrast, 1998
ISBN 3-928300-48-2
NE: Gutschmidt, Inés:

Für die freundliche finanzielle Unterstützung bedanken sich die Autorinnen und der Verlag beim Frauenbüro und dem Frauenausschuß der Stadt Münster.
Die Autorinnen bedanken sich ferner bei der *Schwarzen Witwe* – Autonome Frauenforschungsstelle e.V. Münster – für die Bereitstellung ihrer Materialien, und bei Susanne Keller für ihre illustrativen Zeichnungen.

Glahn – Frauen im Aufbruch
1. Auflage, April 1998
ISBN 3-928300-48-2

Postfach 8020, 48043 Münster – Tel. (0251) 66 62 93
Mitglied in der *assoziation Linker Verlage* (aLiVe)
Umschlag: Photon, Tom Heyken, Münster
Satz: UNRAST-Verlag
Druck: Rosch Buch, Scheßlitz

Inhalt

TEIL II: Frauenhäuser in Italien

Weil sie im Grund nie die Machtfülle
der Freiheit erfahren hat,
glaubt sie an keine Befreiung…
Man eröffne ihr die Zukunft,
und sie wird sich nicht mehr
an die Vergangenheit klammern.

Simone de Beauvoir

Vorwort

Im Frühjahr 1993 besuchte ich mehrere Frauenhäuser in Deutschland und Italien mit der Idee, einen Dokumentarfilm über Frauenhäuser zu drehen, in dem die Frauen selbst die Protagonistinnen des Geschehens bilden sollten. Ihre Aussagen sollten durch gezielten Einsatz des Videos die eine oder andere Frau ermutigen, ebenfalls ihre gewalttätigen Partner zu verlassen. Bei diesen Besuchen erfaßte ich soviel interessantes Material, daß es die Kapazität eines Filmes überstieg, und so entstand die Idee, diese Zusatzinformationen und Eindrücke nicht versanden zu lassen, sondern sie in einem Buch zusammenzufassen. Als 'Nichtexpertin', was sagen soll, daß ich selbst noch nie in einem Frauenhaus gearbeitet habe, nahm ich die Chance wahr, dieses Buch quasi aus Sicht der Bewohnerinnen zu schreiben. Mir gegenüber konnten sich die betroffenen Frauen auch beispielsweise unbefangen über die Mitarbeiterinnen äußern.
Gedreht wurde in einem deutschen und einem italienischen autonomen Frauenhaus, um so einen Einblick in institutionelle und kulturelle Verschiedenheit zu geben.
Von Deutschland und anderen nordeuropäischen Ländern relativ verwöhnt, wo Frauenhäuser und Institutionen wie Beratungsstellen, Frauenzentren, Therapiezentren, fast ein fester Bestandteil des Soziallebens geworden sind – wenngleich mit finanziellen Einschränkungen verbunden –, mußte ich feststellen, daß Italien in diesen Punkten vielen anderen Ländern hinterherhinkt. Hier existierten 1993 – als ich zu drehen begann – gerade mal vier Frauenhäuser, die sich alle im wohlhabenderen Norden des Landes befanden, inzwischen sind es sieben.
Wie ist dieser Zustand mit der starken Frauenbewegung der 70er Jahre in Italien zu vereinbaren? Aus welchen Gründen konnten sich Frauenhäuser nur spät und mit enormen Schwierigkeiten entwickeln? Welchen Einfluß hatte die patriarchale und katholische Kultur auf diesen Zustand? Es reizte mich hinter die Kulissen zu schauen und

die Unterschiede der politisch gesellschaftlichen Struktur und der entsprechenden Institutionen in Italien und Deutschland herauszuarbeiten.
Doch der Kernpunkt meines Interesses lag bei den Frauen selbst. Welche Probleme bringen sie nach einer Trennung mit ins Frauenhaus und wie entwickeln sie sich weiter, nachdem sie sich entschieden haben, aus ihrer gewalttätigen Situation auszusteigen; welche Ängste und Schwierigkeiten begegnen ihnen und welche Hoffnungen und Zweifel begleiten sie auf ihrem Weg aus der Gewalt? Wie schaffen sie es, sich ein neues Leben aufzubauen, alte Strukturen hinter sich zu lassen und ihre Wünsche für eine neue, bessere Zukunft umzusetzen?
Die Gewalt, die vielen Frauen widerfährt, ist in keinster Weise ein gesellschaftliches Randproblem. Am häufigsten taucht sie innerhalb der Familie auf. Die parallel zur körperlichen Gewalt ausgeübte psychische Gewalt ist in ihrer Wirkung nicht zu unterschätzen. Sie interveniert in der Psyche auf einer viel tieferen Ebene, was zum Verlust der eigenen Identität und Persönlichkeit führen kann. Dies manifestiert sich im Verhalten der Frau in der Verneinung der eigenen Subjektivität, der Einengung des eigenen Bewegungsraumes, in dem Verbot, Freunde, Freundinnen und Verwandte zu besuchen und in der Hemmung, eigene Entscheidungen zu treffen: Als Konklusion könnte man sagen, daß sie sich jeglicher Autonomie entledigen.
Fast die Hälfte der Frauen, die Zuflucht in einem Frauenhaus suchen, lebt schon *immer* oder seit vielen Jahren in Gewaltverhältnissen. Nur sehr wenige Frauen reagieren sofort nach der ersten Gewalterfahrung und bitten um Hilfe. Laut Statistik überwiegt mit 65% die wiederholte Gewalt des Ehemannes oder Partners. Dabei ist es interessant festzustellen, daß viele Exehemänner und Expartner auch nach der Beendigung der Beziehung, die ehemalige Partnerin als 'Eigentumsobjekt' betrachten, an der sie sich weiterhin auslassen können. Sorgerechtsentscheide können sich über Jahre hinziehen, oft werden die Kinder benutzt, um Konflikte auszutragen oder die Besuchskontakte mißbraucht, um Terror auf die ehemalige Frau auszuüben…
Den Mann, der die Frau mißhandelt, würde man gerne als Psychopathen oder als anormal bezeichnen, doch bewegt er sich, bis auf

seltene Ausnahmen, in unserer gesellschaftlichen Normalität. Die gewalttätige Beziehung ist ein Zusammenspiel zweier Kräfte, in dem das Gleichgewicht nur solange aufrecht erhalten wird, wie beide die Situation akzeptieren. Die Frauen leben häufig aus Scham und Angst in einer 'selbsterschaffenen' Isolation. Ungefähr ein Drittel derer, die sich später ans Frauenhaus wenden, haben niemals vorher mit jemanden über diese Situation gesprochen. Im Frauenhaus ergibt sich oftmals die erste Gelegenheit das Schweigen zu brechen. Die Frauen finden in den Mitarbeiterinnen und in den anderen Frauen interessierte Zuhörerinnen, die ihnen Glauben und Vertrauen schenken. Mit ihnen können sie über ihre Situation und ihre Probleme reden.
Mit dem ersten Schritt aus der Gewalt, der für viele Betroffene erst durch die Existenz der Frauenhäuser möglich wurde, begeben sich die Frauen auf einen Weg, an dessen Ausgangspunkt noch nicht klar ist, wohin er sie führen wird, in eine Situation, in der sie sich mit sich selbst, ihrer Realität und ihrer Vergangenheit auseinandersetzen müssen. Die autonomen Frauenhäuser, die unabhängig von staatlichen Institutionen arbeiten, unterstützen die Frau dabei, alte Strukturen abzuschütteln und für eine neue Lebensperspektive zu kämpfen.
Mir war es wichtig auf der einen Seite die Unterschiedlichkeit in der Arbeit und der gesellschaftlichen und politischen Struktur zwischen den deutschen und italienischen autonomen Frauenhäusern herauszuarbeiten und auf der anderen Seite die Bandbreite der verschiedenen Entwicklungsphasen der betroffenen Frauen in den Mittelpunkt zu stellen. So kommen in dem deutschen Teil, bis auf eine Ausnahme, Frauen zu Wort, die sich zur Zeit der Gespräche im Frauenhaus wohnten. In Italien bildete sich statt dessen eine Selbsthilfegruppe aus ehemaligen Frauenhausbewohnerinnen, die nun schon seit einiger Zeit selbständig in einer eigenen Wohnung, allein oder mit ihren Kindern leben.
Das hier vorliegende Buch ist eine informative Ergänzung zum Film und kann natürlich auch unabhängig vom Film gelesen werden. Zahlreiche Interviews, die wir wegen der Kürze des Films hatten kürzen oder ganz aussortieren müssen, finden in diesem Buch ihren Platz. Natürlich sind alle Namen im Buch verändert oder abgekürtzt.

Lisa Glahn, Dezember 1997

Teil I
Frauenhäuser in Deutschland

20 Jahre autonome Frauenhäuser – ein Rückblick

Frauenhaus ist ein Ort des Erwachens aus der Einsamkeit der erfahrenen Gewalt – mit dem Begreifen des vielfach Erfahrenen wird dieser Ort zum Politikum...
In diesem Sinn sind Frauenhäuser nicht nur ein Ort der Zuflucht, sondern auch ein Ort der Veränderung, eine Energietankstelle für Selbstbewußtsein – ein Ort für fast jede Frau...
Zwar sind die Medien voller Gewaltberichte auch über an Frauen verübte Gewalt, aber es sind nur noch die spektakulären Fälle, die die Medien übermitteln. Wenig zu lesen ist über die alltägliche Gewalt in der Familie oder über strukturelle Gewalt in Form von sozialer Benachteiligung am Arbeitsplatz, in der Sprache..., ganz zu Schweigen von Diskriminierungen gegenüber Frauen im allgemeinen und Migrantinnen im besonderen, Gewalt an Frauen, die hier Asyl suchen oder der Ländergrenzen überschreitenden Gewalt, bspw. in Form der sogenannten Geburtenkontrolle im Trikont... So kommt es zu der Situation, daß die meisten Frauen nicht wissen, daß sie mit ihren Erfahrungen nicht alleine dastehen, sie empfinden an ihnen verübte Gewalt als ihr individuelles Problem, mit welchem sie im Extremfall auch noch Schuld verbinden... Dadurch sind Frauenhäuser oft Orte des Erwachens aus der eigenen Situation und Orte des Begreifens für die Situation anderer Frauen... Gewalt an Frauen ist kein individuelles oder gar zufälliges Instrument, sondern ein Struktur immanentes, dies zu verstehen und aufzubrechen ist ein Politikum. Und natürlich nicht neu: Ende der 60er Jahre, gab es ein viel größeres öffentliches Interesse an dieser Problematik, heute – 30 Jahre später – wird wieder viel geschwiegen.
Lisa Glahn zeigt durch ihre Gespräche mit den Frauen diese Entwicklung zum aktiven Verstehen der Frauen sehr deutlich. Jede, die in diesem Buch zu Wort kommt, verdient unseren ganzen Respekt.

Welche auch immer dieses Buch von Lisa Glahn liest, wird sich in einzelnen Passagen wiederfinden; es gibt keine Frau, die nicht in irgendeiner Form männliche Gewalt erfahren hat, sei es in Form von Bevormundung oder Chancenungleichheit oder durch die Tatsache, daß egal in welchen Strukturen sie sich bewegt, diese alle von Männern erschaffen bzw. dominiert werden.
Nicht jede hat den Mut zu verlassen…
Diese Buch ist hoffentlich ein 'Mutmacher' – oder sollte ich besser eine 'Mutmacherin' sagen – in zweierlei Hinsicht, denn wenngleich auch die Gründe aus denen heraus es Frauenhäuser gibt, sehr negativ sind, so ist doch die Tatsache, daß autonome Frauenhäuser in der Bundesrepublik seit nun mehr als 20 Jahren existieren, mehr als erfreulich, zumal in ihnen viel mehr bewegt wird, als hinlänglich angenommen wird. Autonome Frauenhäuser dienen nicht der Reproduktion geschlagener Frauen für die nächste Gewaltaktion – wenn auch Frauenhäuser aus staatlicher Sicht nur aus dieser Funktion heraus ihre Existenz verdienen –, vielmehr sind sie ein Ort von Frauen für Frauen, in denen sich Frauen gegenseitig unterstützen, kreative Überlebensstrategien entwickeln und aus denen Frauen nicht selten erhobenen Hauptes in 'ein neues Leben' gehen. In den letzten Jahren sind diese 'gewollten Begleitumstände' wohl bis zu den Parteien vorgedrungen, was den Versuch nach sich zog, karitative Vereine bzw. die Arbeiterwohlfahrt als Vertragspartner für Frauenhäuser zu gewinnen und autonomen Vereinen die Trägerschaft der Häuser zu kündigen. So erst vor kurzem in Kassel, wo dem autonomen Frauenhaus nach 18jähriger Trägerschaft gekündigt wurde. Die Arbeiterwohlfahrt sollte das Haus übernehmen und zwar nicht aus Kostengründen, denn das autonome Haus war bereit, mit dem selben Etat zu haushalten. Nur der lange Atem der Kasseler Frauen, eine bundesweite Demonstration und viel Solidarität konnten das schlimmste abwenden, das Kasseler Haus kann weiterarbeiten, wenn auch unter sehr schlechten Bedingungen. Leider ist Kassel kein Einzelfall, vor allem im süddeutschen Raum kam es in den letzten Jahren vermehrt zu Schließungen autonomer Häuser.
Daß alle Frauen von patriarchalen Strukturen 'getroffen' sind, daß das Entstehen und Fortsetzen von psychischer und physischer

Gewalt, nur einen Teil der gesellschaftlichen Diskriminierung an der Frau darstellt, dies zu erörtern kommt schon fast einem Allgemeinplatz gleich. Und dennoch ist es immer wieder wichtig zu erwähnen – gerade weil es kein öffentliches Thema mehr zu sein scheint. Alle, ob Mitarbeiterinnen im Frauenhaus oder Bewohnerinnen, jede Frau ist von patriarchalen Strukturen betroffen. Diese Gewalt ist Ausdruck dieser Gesellschaft, ein Ausdruck, der sich in der Familie, welche das Spiegelbild unserer Gesellschaft darstellt, nur wiederholen kann.

Wenn ich hier von Patriarchat rede, so möchte ich mich nicht hinter einem Begriff verstecken, auf den ich alle unsere gesellschaftlichen Probleme subsumiere, das wäre tatsächlich ein wenig zu flach. Auch ist Patriarchat keine klar zu umreißende Gesellschaftsform. Und natürlich verändern sich patriarchale Strukturen parallel zum gesellschaftlichen Wandel, was heißen soll, daß Patriarchat nicht plötzlich entstanden ist, sondern sich langsam entwickelt hat, und auch je nach ökonomischer und religiöser Ausrichtung andere Erscheinungsformen aufweist – nur werden diese Erscheinungsformen subtiler und damit undurchsichtiger. So wird die Reproduktions- und Gentechnik – um nur einen prägenden wissenschaftlichen Indikator unserer Zeit zu benennen, dazu benutzt, weibliche und nicht männliche Föten zu töten (sog. Zielgerichtete Geburtenkontrolle) oder waren beispielsweise religiöse Hintergründe – welche ja bekanntlich starken Einfluß auf das System der Familie haben – dafür verantwortlich, daß Frauenhäuser in Italien erst sehr spät entstehen konnten...

Wenn ich aber sage, das Patriarchat, entwickelt sich parallel zur Gesellschaft, so heißt dies, daß sich nichts grundsätzliches daran verändert, nicht von alleine und schon gar nicht durch freiwilligen Verzicht der Männer, ohne, daß sich auch gesamtgesellschaftlich etwas verändert. Dadurch ist aber Frauenunterdrückung nicht zum berühmten Nebenwiderspruch degradiert, sondern parallelisiert sich zu allen anderen Unterdrückungformen und ist nur durch harte Forderungen und ebenso harte Kämpfe von Seiten der Frauen wieder ins Zentrum der Auseinandersetzungen zu rücken. Dabei sind institutionelle Einrichtungen von Frauen für Frauen, wie sie vor allem

Anfang der siebziger Jahre entstanden sind, sehr hilfreich, aber sie können nur einen Teil, der notwendigen Arbeit zur gesellschaftlichen Veränderung leisten.

Diese, 'unsrige' Gesellschaft wird formal zweifellos von Männern bestimmt, welche Kraft ihrer Ämter (in den modernen Zentren patriarchalen Herrschaft vom Bundesverfassungsgericht bis zum Top-Management sind Männer fast unter sich, ganz abgesehen von der Allianz der Männer innerhalb der Parteien) die politische Macht besitzen, während die Frauen weiterhin aus dem öffentlichen Leben ausgeschlossen sind und das ändert sich auch nicht durch Pseudokompromisse.

Nun bedeutet Feminismus nicht, daß wir Frauen genau Teil dieser politischen Macht werden wollen und in diese Gremien gelangen wollen, sondern Feminismus bedeutet die grundsätzliche Veränderung dieser Strukturen und damit dieser Gesellschaft. Es geht also nicht um Gleichheit, sondern um Andersartigkeit, und nicht um Fortschritt, sondern in diesem Sinne um 'Neuschritt'. In Frauenhäusern begegnen Frauen genau diesen anderen, neuen Strukturen, die sie dann selbst mit tragen und gestalten können. Für die einzelne Frau im Frauenhaus bietet das Frauenhaus – wenn auch nur für kurze Zeit – viele Möglichkeiten zur Neugestaltung ihres Lebens. Ob dadurch Frauenhäuser gesamtgesellschaftlich etwas verändern und ob dies ihr Anspruch ist, überhaupt sein kann, dazu später mehr.

Wie wichtig und unverzichtbar auch immer Frauenhäuser sind, es wäre falsch, hier nicht auch – auf Basis der grundsätzlichen Akzeptanz – ein paar selbstreflektorische Fragen zu stellen, und darüber hinaus eine selbstkritische Standpunktbeschreibung des westlichen Feminismus vorzunehmen, aus der heraus neue Wege beschritten werden können. Denn nicht ganz grundlos kursieren kritische Einschätzungen gegenüber der feministischen Politik der 90er Jahre, welche sich – so lautet die Kritik – angesichts der weltpolitischen Veränderungen – durch Ignoranz und Nichtverhalten auszeichnet und dabei im Provinziellen verharrt, sich anpassungsbereit darstellt, ans Machbare orientiert und zu sehr mit Etablierung und erneuter Gleichstellung beschäftigt. Um es gleich voranzustellen, einen Teil dieser Kritik – bezüglich des westlichen Feminismus – teile ich durchaus, möchte allerdings ergänzen, daß das Erhalten bereits erkämpfter Projekte wichtig ist und dieses Erhalten aufgrund der immer noch existierenden Finanzhürden auch einen großen Kraftaufwand bedeutet. Vielleicht sind die Kräfte nicht gut verteilt oder sogar geschrumpft. Ein wichtiger Gedanke ergibt sich daraus: Zu welchem Preis werden diese unsere erkämpften Strukturen erhalten und sind die anfänglich formulierten Prinzipien noch relevant? Bevor diesen Fragen nachgegangen werden kann, sollte an dieser Stelle ein Rückblick auf die Ursprünge der Frauenhäuser erlaubt sein.

Die Entstehung der Frauenhäuser in der Bundesrepublik

Als vor nun mehr als 20 Jahren die ersten autonomen Frauenhäuser ihre Pforten öffneten war ein riesige Hürde genommen und ein weiter Weg beschritten.
Die Initiative zur Gründung autonomer Frauenhäuser wurde von 'der' autonomen Frauenbewegung gesetzt. Diese hat ihre Anfänge Ende der 60er Jahre, sie grenzte sich klar von der bürgerlichen Frauenbewegung ab, welche ihren Höhepunkt Mitte der 20er Jahre erreicht hatte.
Die Studenten- und Arbeiterbewegung Ende der 60er Jahre beschäftigte sich mit Befreiungsbewegungen aber auch mit staatlicher Gewalt und der Kontinuität von Faschismus, neue Begriffe wie den der 'internationalen Solidarität' und neue politische Ideen setzten sich durch. Parallel zur Kampagne gegen den Vietnamkrieg und die Notstandsgesetzgebung entstand auch bei den Frauen ein Bewußtsein für ihre spezifische gesellschaftliche Unterdrückung, was aber ihre ‚Genossen' wenig bewegte. Die Frauen waren zwar bei Aktionen und Demonstrationen massiv vertreten, in gemischten Diskussionszusammenhängen wurden ihre Belange aber bestenfalls zum berühmten Nebenwiderspruch degradiert, der bedeutet, daß ihre Benachteiligung nach einer Revolution von alleine beseitigt werden würde, da alleine die kapitalistischen Produktionsverhältnisse eine solche Benachteiligung benötigten. Da auch die meisten Frauen sich mit internationalen Befreiungsbewegungen beschäftigt hatten, erkannten sie im Verhalten ihrer Genossen, die schon fast traditionelle

Ignoranz von 'Revolutionären' bezüglich der Situation von Frauen. Auch innerhalb der Studentenbewegung wurden Frauen nicht nur ignoriert, sondern auch eindeutig von patriarchalen Strukturen angegriffen. So bildete sich innerhalb des SDS schon im Januar 1968 die erste Frauengruppe: der »Aktionsrat zur Befreiung der Frauen«. Im Februar des gleichen Jahres wurde auf der 23. Delegiertenkonferenz des SDS in Frankfurt ein Redner der nicht bereit war, sich mit der Unterdrückung der Frauen auseinanderzusetzen, von weiblichen Delegierten mit Tomaten beworfen: »*Kampagnen des SDS können Frauen zwar rational vermittelt werden, es fehlen ihnen aber die Voraussetzungen, die subjektiven Bedürfnisse der Frauen anzusprechen, deren Unterdrückung in der vom politischen Kampf aufgenommenen Privatsphäre unmittelbar und am stärksten erlebt wird. Doppelt frustriert sind die Frauen im SDS, wenn sie versuchen, dort politisch aktiv zu werden, das heißt, wenn sie über die Beteiligung an Demonstrationen hinaus wollen, wenn sie Referate, Reden halten, Diskussionsbeiträge liefern. Das Erfolgserlebnis ist ihnen versagt, weil auf ihre Beiträge niemals bezug genommen wird.*« ('Aktionsrat zur Befreiung der Frauen' Resolution auf der 23. Delegiertenkonferenz des SDS, September 1968)

Den hauptsächlich studentischen Rahmen verließen die Frauen 1971, als sich während der Aktionen gegen den § 218 – der Forderung seiner ersatzlosen Streichung – bundesweit Frauen aus allen Gesellschaftsgruppen zusammenfanden.

In der Folge dieses breiten Bündnisses setzten sich aber eher reformistische Kräfte durch, was zur Folge hatte, daß es nicht mehr um die ersatzlose Streichung des § 218 ging, sondern lediglich um die Durchsetzung der sogenannten Fristenlösung. Diese wurde von der SPD/FDP – Regierung am 26. April 1974 mit Regierungsmehrheit als Gesetz verabschiedet.

Im Zusammenhang mit den Aktionen gegen den § 218 entstanden weitere Frauengruppen. Zu der bereits politisierten Linken, gesellten sich Frauen aus allen sozialen Schichten. Dadurch wurde auch das Themenspektrum kreativ und notwenig erweitert: Sexualität, Selbstbestimmung, Gewalt, Feminismus und Klassenkampf, internationale Frauenunterdrückung, Bevölkerungspolitik...

Nach der Durchsetzung der 'Fristenlösung' spaltete sich die noch junge Frauenbewegung in der Sozialdemokratie nahestehende Realpolitikerinnen und Autonome. Aber auch innerhalb der Autonomen, läßt sich der noch übrig gebliebene gemeinsame Nenner fast nur an dem Begriffes 'autonom' festmachen. Den Frauen ging es darum, in ihren Gruppen inhaltlich und organisatorisch unabhängig von Männern zu arbeiten. Die allen gemeinsame Unterdrückung durch patriarchalische Strukturen, die durch den Mann repräsentiert bzw. personifiziert werden, ist der gemeinsame Ausgangspunkt. Autonom arbeiten reduziert sich so definiert darauf, jeden Vertretungsanspruch sowohl von Männern als auch Frauen abzulehnen. Probleme und Schwierigkeiten von Frauen sollten nicht länger Privatsache einzelner Frauen sein, sondern gehen alle Frauen an.
Die Rote Zora – die Frauenorganisation der Revolutionären Zellen – griff als Antwort auf die Fristenlösung am 4.3.1975 das Bundesverfassungsgericht mit einem Sprengstoffanschlag an. Dies war Ausdruck einer neuen Qualität der militanten Frauenorganisierung in der BRD. Es folgten weitere Anschläge. -Ebenso aber ein Ausdruck dafür, welche Spannbreite, die immer noch unter dem Begriff 'die autonome Frauenbewegung' subsumierte Bewegung, inzwischen einnahm. In den folgenden Jahren erkämpften sich Frauen eigene, autonome Strukturen: Frauenbuchläden, Verlage, Druckereien und Zentren erweiterten das Informationsnetz.
Mit der § 218 Kampagne wurden auch verstärkt das Problem 'Gewalt' diskutiert und politische Gegenentwürfe konkreter geplant. Auf einigen internationalen und nationalen Frauenkongressen wurde der Gewaltbegriff wie folgt definiert:
Gewalt gegen Frauen umfaßt physische, psyische, soziale und ökonomische Gewalt. Gewalt gegen Frauen ist jeglicher Angriff auf die Integrität des Körpers der Frau und die Behinderung der Freiheit ihrer Entscheidungen, sowie die Ausbeutung und Verachtung der Frau.

Die Initiativen zur Einrichtung von Frauenhäusern für mißhandelte Frauen und ihre Kinder, waren auf der einen Seite die praktische Konsequenz aus der öffentlichen Diskussion »Gewalt gegen Frauen«

und auf der anderen Seite ein Versuch, Frauen in unterschiedlichsten Strukturen der Frauenbewegung zu integrieren, die bisher außerhalb standen. Zudem könnten in den Frauenhäusern die in den verschiedenen Frauengruppen gesammelten Erfahrungen und entwickelten Ansprüche in einer längerfristigen, hoffentlich öffentlich wirksamen Arbeit umgesetzt werden.
Bevor aber die ersten Häuser öffneten, gab es zahlreiche Initiativen, die Beratungsgespräche durchführten, Frauen mit in ihre WG's nahmen, mit Stadt und Land um Finanzierungsmodelle diskutierten... Ganz anders als bei dem weltweit ersten Frauenhaus in England, welches bereits 1971 in Chiswik/ London entstand. Dieses Haus wurde durchaus nicht lange voraus geplant, sondern existierte ursprünglich als Treffpunkt für Hausfrauen und Mütter. Erin Pizzey reagierte ganz unbürokratisch auf die Not einer Frau, die vor ihrem Partner fliehen mußte. Sie bot der Frau einen Unterschlupf in besagtem Haus. Dieser ersten Frau folgten viele andere und so wurde das erste Frauenhaus gegründet.
Von diesem Haus ging eine Signalwirkung aus, die den Nerv der Zeit traf. In weiteren Ländern Westeuropas, den USA und Australiens gründeten Frauen Initiativen und setzten die Eröffnung weiterer unzähliger Frauenhäuser durch.

Land	Stadt	Eröffnungsjahr
England	London	1971
Schottland	Edinburgh	1974
Niederlande	Amsterdam	1974
USA	St. Paus/ Minnesota	1974
Australien	Sidney	1974
Deutschland	Berlin & Köln	1976
Österreich	Wien	1978
Schweiz	Zürich	1979

(aus: Christa Hanetseder, Frauenhaus: Sprungbrett zur Freiheit, 1992, 46)

Schließlich entstand im November 1976 als ein Ergebnis der Kampagne gegen Gewalt an Frauen das erste autonome Frauenhaus in Westberlin. Es erhielt als Modellprojekt eine vollständige Finanzierung durch Senat (20%) und Bund (80%). Das Berliner Haus sollte ein Pilotprojekt werden, darum lohnt es sich die Auseinandersetzungen um dieses Haus genauer zu betrachten.

Die Kerngruppe des Projektes Frauenhaus arbeitete bereits seit dem Winter 1974. Ursprünglich sollte eine Beratungsstelle für Frauen eröffnet werden. Es zeigte sich allerdings schnell, daß körperlich mißhandelte Frauen eine alternative Wohnmöglichkeit brauchten, um vor der Brutalität ihrer Männer dauerhaft fliehen zu können.

Der 1976 in Brüssel stattfindende internationale Kongreß über Gewalt gegen Frauen eröffnete neue Perspektiven und vermittelte die Existenz zweier Frauenhäuser in London und Amsterdam. An diesem ersten »International Tribunal on Crimes Against Women« nahmen ca 2.000 Frauen aus 33 Staaten teil und verfaßten folgende Resolution, die nachfolgend an alle Regierungen verschickt wurde:

The women of Japan, Netherlands, France, Wales, England, Scotland, Ireland, Australia, USA and Germany have begun the fight for the rights of battered women and their children. We call for urgent action by all countries to combat the crime of woman-battering. We demand that gouvernments recognize the existence and extent of this problem, and accept the need for refuges, financiel aid, and effective legal protection tor these women.« (Russel, 1976, XI; zit. in Hanetseder, 1992, 47)

Inzwischen gab es also nationale und internationale Zusammenschlüsse von Frauen der Frauenhausbewegung, deren gemeinsame Ziele waren:

- Durchsetzung und Unterhaltung von Frauenhäusern für physisch und/ oder psyisch mißhandelte Frauen und ihre Kinder
- Unterstützung, Ermutigung und Hilfe bei der Lösungssuche für mißhandelte Frauen, die im Frauenhaus leben
- Informationen, Hilfen und Anweisungen an nicht im Frauenhaus lebende, jedoch ebenfalls unter Mißhandlung leidende Frauen
- aktiver Einbezug der Kinder als Mitbetroffene in der Beratungsarbeit, ausgerichtet nach ihren emotionalen und erzieherischen Bedürfnissen

– Aufklärung der Öffentlichkeit, Medien, Sozialdienste, Polizei, juristische Instanzen durch Sachinformationen und Anregung eines Bewußtseinsprozesses zum Problemfeld von Gewalt an Frauen, »mindful of the fact that this is a result of the general position of women in our society«. (Vgl. Sutton, 1977; zit. in Hanetseder, 1992, 47.)

Motiviert und inzwischen auf 10 Frauen angewachsen, besichtigte die Berliner Gruppe das Haus in Amsterdam. Ein Konzept für das 1. Berliner Frauenhaus entstand – es fehlten nur noch das entsprechende Gebäude und die finanziellen Mittel.
Eine Broschüre und ein Plakat nebst vielen Helferinnen sorgten für breite Öffentlichkeitsarbeit. Die Medien interessierten sich und es erschienen eine Reihe von Artikeln, Rundfunk- und Fernsehsendungen. Auch gab es viel Solidarität aus anderen Städten, wo andere Frauen Häuser aufbauen wollten, Unterstützung brauchten oder geben wollten und immer mehr Frauen, die Hilfe benötigten und glaubten, dieses Berliner Frauenhaus existiere schon. Oft erlosch mit der Absage aus Berlin ihr letzter Hoffnungsschimmer, und sie konnten nur an Ärztinnen, Juristinnen oder Familienberatungsstellen verwiesen werden.
Der Konflikt wuchs an: Sollte Frau sich um Unterstützung bittend an staatliche Stellen wenden, würde dann noch eine autonome Arbeit am Interesse der Frauen orientiert möglich sein, oder hätte dies eine Institutionalisierung zur Folge?
Die Frauen entschieden sich für einen Kompromiß – wie viele andere Häuser später auch – sie versuchten staatliche Unterstützung zu erhalten und sammelten parallel weiter Spenden, was natürlich eine breite Öffentlichkeitsarbeit erforderte.
Schließlich führte der öffentliche Druck, ein ausführlicher Bricht des WDR- Fernsehens über Gewalt gegen Frauen und eine Anfrage des Berliner Senats an Sozialämter und Wohlfahrtsträger zu einem positivem Bescheid. (Vgl. Sarah Haffner, Gewalt in der Ehe, 1976, 141f.) Die Unterstützung des Projektes wurde zunächst für drei Jahre bewilligt, doch die konzeptionelle und inhaltliche Durchführung blieb ausschließlich in den Händen der Frauen.

Im gleichen Jahr wie das Westberliner Haus entstand in Köln das erste Frauenhaus in der BRD.
Die Motivation, ein Frauenhaus zu eröffnen, war neben dem politischen Ansatz auch von dem persönlichen Betroffenheitsgefühl geprägt; zudem waren viele der Frauen, die Frauenhäuser initiiert haben, gerade examinierte Sozialpädagoginnen, die sich mit dem Frauenhaus ihr eigenes Berufsfeld eroberten – was, wie oft erst später festgestellt wurde, nicht unproblematisch war. Die Initiative des Frauenhauses in Köln bestand aus einer Gruppe interessierter Studentinnen (Fachbereich Sozialpädgogik) die sich im Wintersemester 1975/76 zum ersten Mal trafen. Ihre inhaltliche Konzeption, entsprach den Vorstellungen anderer Initiativen, darüber hinaus formulierten sie: *»Wir halten eine finanzielle Förderung des Frauenhauses aus öffentlichen Mitteln für eine berechtigte Forderung. Diese Mittel können wir jedoch nur dann in Anspruch nehmen, wenn die Unabhängigkeit der Arbeit auf der Grundlage unserer Konzeption gewährleistet ist. Eine solche Förderung hätte den Vorteil, daß die materielle Basis des Projektes kontinuierlich gesichert wäre – außerdem könnte die Arbeit auf der Grundlage fester Anstellug erfolgen. Somit wäre auch die materielle Sicherheit der Mitarbeiterinnen gegeben...«* (Initiative Köln, in: Gewalt in der Ehe, Hg: Haffner, 1977, 150ff) Oft hatten die Gründerinnen der autonomen Vereine »Frauen helfen Frauen« bereits endlose Beratungsgespräche geführt, Frauen, die in ihrer Not nicht wußten wohin, in die eigenen WG's mit nach Hause genommen. So auch in Münster, um ein weiteres Beispiel zu nennen. Kurz nachdem das Berliner Frauenhaus eröffnet wurde – von der Bundesregierung als Modellversuch gefördert, gründete auch eine Gruppe von Frauen in Münster den Verein »Frauen helfen Frauen«. Bereits seit Monaten hatten sich die späteren Vereinsgründerinnen regelmäßig in den Räumen eines Frauenzentrums getroffen, um sich mit dem Thema »Gewalt gegen Frauen« auch theoretisch zu beschäftigen.
Neben der wichtigen Öffentlichkeitsarbeit richtete diese Gruppe Anfang 1977 einen telefonischen Beratungsdienst ein. Hilfesuchende Frauen wurden vorerst privat untergebracht, um sie zunächst aus der Gewaltsituation zu befreien und ihnen auch schon kurzfristig bei

wichtigen Ämtergängen zur Seite zu stehen. Was natürlich einen großen Zeitaufwand bedeutete und das zusätzliche Problem aufwarf, daß die Frauen, dadurch, daß sie in verschiedenen Wohnungen untergebracht waren, sich nicht untereinander austauschen konnten und so das erhoffte Selbsthilfekonzept nicht umgesetzt werden konnte.

Die Notwendigkeit ein eigenen Hauses zu öffnen wuchs also, ein entsprechender Antrag wurde an das Liegenschaftsamt der Stadt Münster gestellt und ein geeignetes Projekt gefunden. Ein leerstehendes, renovierungsbedürftiges Haus, welches an einen sozialen Träger vermietet werden sollte. Die damals von der CDU regierte Stadt zog die Bearbeitung des Antrages über ein halbes Jahr hinaus, um ihn schließlich mit fadenscheiniger Begründung abzulehnen...

Nach diesen Erfahrungen entschloß sich der Verein, auf dem freien Wohnungsmarkt nach einem geeigneten Haus zu suchen. Der Beratungsdienst lief weiter und gleichzeitig arbeitete der Verein in der AG Autonome Frauenhäuser NRW (spätere Landesarbeitsgemeinschaft Autonomer Frauenhäuser) mit. Diese AG bildete den landesweiten Zusammenschluß aller autonomen Frauenhäuser und -gruppen, um Informationen auszutauschen und gemeinsame Forderungen durchzusetzen.

Anfang 1980 beantragte die SPD-Ratsfraktion – auf weiter steigenden öffentlichen Druck reagierend – die Einrichtung eines Frauenhauses. Die Verwaltung sollte sich bis Mitte Juni mit Interessenten für die Trägerschaft zusammensetzten.

Im Mai 1980 wurde dem Verein ein Haus in einer kleinen Nachbarstadt (Telgte) angeboten, die Besitzerin war mit der entsprechenden Nutzung einverstanden.

Da von der Stadt Münster bei der Suche um ein geeignetes Objekt keine Hilfe zu erwarten war, entschloß sich der Verein im Juni zur Unterzeichnung des Mietvertrages.

Durch den Sitz des Hauses in der Nachbarstadt Telgte, fühlte sich die Stadt Münster nicht mehr zuständig. Der zuständige Kreis Warendorf lehnte die Bereitstellung finanzieller Mittel für die dringend erforderliche Anschaffung einer angemessenen Einrichtung des Hauses vorerst ab. Die Fristen für das Jahr 1980 seien abgelaufen. Auch ein

Antrag an den Nachtragshaushalt der Stadt Münster, wo der Verein immer noch seinen Ausgangs- und Schwerpunkt hatte, wurde ebenfalls abgelehnt.
Inzwischen wurde durch die Aktivitäten der autonomen Frauen erreicht, daß in der Öffentlichkeit eine hohe Sensibilisierung vorhanden war. Dies machten sich auch kirchliche Träger zu nutze.
Mitte Oktober 1980 wurde durch die Presse bekannt, daß die Stadt Münster die Einrichtung eines Frauenschutzhauses des Sozialdienst Katholischer Frauen (SKF) mit einer großzügigen Zuwendung von 50.000 DM unterstützte.
Dem SKF-Haus wurde vom Stadtrat – gegen die Stimmen von SPD und GAL – grünes Licht gegeben; dem Verein Frauen helfen Frauen wurden lediglich 3.351,57 DM für Kinderspielzeug bewilligt. In der vorangegangenen Ausschußsitzung war zum Ausdruck gebracht worden, daß der ideologische Hintergrund des Vereines nicht in das familienpolitische Konzept der CDU paßte.
Durch die Einrichtung des Frauenschutzhauses des SKF in Münster auf der einen Seite und dem flächendeckenden Finanzierungsprogramm des Landes NRW (welches die Stellen der Frauenhäuser in NRW zu 90% finanziert) auf der anderen Seite, konnte in Münster lange kein autonomes Haus eingerichtet werden. Das Flächendeckungsprogramm sah für jede Stadt zunächst ein Haus vor, egal in welcher Trägerschaft dieses sich befand, später kam in den sogenannten Ballungsgebieten ein zweites Haus dazu. Seit 1991 betreibt der Verein Frauen helfen Frauen e.V. Münster/ Telgte ein zweites Haus in Münster. Welches nach dem rot-grünen Regierungswechsel einen Haushaltstitel der Stadt Münster erhielt. Über diesen Haushaltstitel werden sowohl Stellen, als auch Betriebskosten finanziert. Das Haus Telgte finanziert seine Stellen über das Land NRW, der Betriebsbedarf wird, wenn dieser auch viel zu gering angesetzt ist, als freiwilliger Zuschuß vom Kreis Warendorf finanziert. (Vgl. auch unveröffentlichte Abschlußarbeit, Marie-Luise Varlemann, Frauen im Frauenhaus, einzusehen in der Schwarze Witwe autonome Frauenforschungsstelle e.V. Münster.)
Fast alle Frauenhäuser, die in den nachfolgenden Jahren entstanden, sind Produkte der engagierten Frauenbewegung, die neben der

inhaltlichen Projektarbeit auch permanent um die Finanzierung der Häuser durch staatliche Institutionen kämpfen mußte.
Nachdem nun auch Finanzierungskonzepte von den autonomen Frauenhäusern erkämpft und vor allem hart diskutiert wurden, stellten immer mehr Gegenhäuser in kirchlicher Trägerschaft oder in den Händen der Arbeiterwohlfahrt Anträge auf Finanzierung ihrer Häuser. Diese Gegenhäuser oder Frauenschutzhäuser sind aus politischer und feministischer Sicht mindestens aus zwei Gründen kontraproduktiv:

1. Sie gehen nicht von einem gesellschaftlichen Problem aus, sondern die Gewalterfahrungen der Frauen werden als Einzelprobleme behandelt und die Frauen mit ihren Erfahrungen isoliert, was oft zu Schuldgefühlen und Versagungsängsten führt. Es geht nur darum die Gewalt unsichtbar zu machen und die Frauen für neue Diskriminierungen zu rehabilitieren.
2. Die Institutionen sind hierarchisch organisiert, was dazu führt, daß wesentliche Erfahrungen reproduziert und die Frauen abermals entmündigt werden. Die Frauen können ihr Leben erneut nicht selbst organisieren.

Prinzipien autonomer Frauenhäuser

Die feministischen, autonomen Prinzipien der Frauenhäuser machten – und machen dies offensichtlich immer noch – bei den Kommunen und Ländern soviel Eindruck, daß sie nur aufgrund massiven Drucks dazu zu bewegen waren, autonomen Frauenhäusern die Arbeit finanziell zu ermöglichen. Kirchliche Träger wären bequemer gewesen. Nur durch die engagierte autonome Frauenhausbewegung kam es überhaupt zu einem öffentlichen Bewußtsein bezüglich des Themas »Gewalt in der Familie, Gewalt gegen Frauen«. Es verwundert, daß nicht schon vorher andere, mit dieser Situation konfrontierte Institutionen, diese Problematik offen gelegt haben. Es scheint offensichtlich, daß dieses Thema verschleiert bleiben sollte, staatliche und religiöse Institutionen haben jahrelang versagt oder wie läßt sich sonst erklären, daß scheinbar für diese Institutionen plötzlich ein so extremes Gewaltpotential zu vermerken war und

soviele Frauen Zuflucht in Frauenhäuser such(t)en – nur zu eindeutig ist zu erkennen, daß den staatlichen und religiösen Institutionen der Vergangenheit die feministische Analyse und die damit verbundenen Folgerungen fehlten und fehlen.
1981 veröffentlichte Sarah Haffner das erschreckende Ausmaß von Gewalt gegen Frauen. Für die Bundesrepublik nannte sie die Schätzung von einer Million mißhandelter Frauen.
Aber was sind nun die Prinzipien autonomer Frauenhäuser, die soviel Angst machen?
Neben der Auseinandersetzung um die körperliche Gewalt an Frauen gesellte sich natürlich auch die feministische Forschung. Ich übernehme hier bewußt den Begriff feministische Forschung, wie er u.a. von Christa Hanetseder geprägt wurde, da dieser gegenüber dem Begriff der Frauenforschung klar ausdrückt, daß es nicht nur ausschließlich um Frauenthemen geht und nicht darum der Wissenschaft einfach den 'Faktor Frau' hinzuzufügen – auch geht es nicht um andere Forschungsmethoden, sondern um den der feministischen Forschung innewohnenden Erkenntniszusammenhang, daß Frauen in einer patriarchalen Gesellschaft nur aufgrund ihres Geschlechtes diskriminiert werden. Dieser Erkenntnis oder dieser Konsens bestimmt jedwede Betrachtungsweise, egal welches Thema relevant ist.
Natürlich geht es Frauenhäusern primär um die Aufhebung der Diskriminierung der Frauen, dazu sind sowohl Selbstbewußtseinsförderung als auch Öffentlichkeitsarbeit (Aufklärung) notwendig. Aber auch um den Aufbau ganz neuer feministischer Wege, Organisationszusammenhänge, Ideen und Strukturen...
Diese Ideen entstehen durch die Vernetzung von Theorie und Praxis, die sich in den Konzepten der autonomen Frauenhäuser wiederfinden. Im folgenden werde ich aus den Konzepten verschiedener Frauenhäuser zitieren und es wird deutlich werden, daß sie sich in den wesentlichen Punkten überschneiden. Soweit ich informiert bin, arbeiten die meisten heute existierenden autonomen Frauenhäuser nach diesen Prinzipien. Unterschiede dürften vor allem in der Finanzierung und den damit verbundenen Konsequenzen liegen, worauf ich an dieser Stelle nicht eingehe.

Mir lagen Konzeptpapieren verschiedenster autonomer Häuser aus verschiedensten Zeiten vor; die im Text von mir kursiv gesetzten Grundsätze haben die
größte Übereinstimmung zu der Konzeption anderer Häuser. Das Frauenhaus muß für *jede* von ihrem Mann bedrohte *Frau mit und ohne Kinder* offen sein, egal wie viele Frauen bereits dort wohnen, egal, wie hoch eine 'offizielle' Belegungsquote des Hauses sein mag. Die Frauen, die im Haus leben, verwalten es *selbständig* und *organisieren* ihr Leben im Haus *nach ihren Bedürfnissen.*
Im Frauenhaus leben und arbeiten ausschließlich Frauen.
(Vgl. Initiative Berlin, in: Gewalt in der Ehe, Hg: Haffner, 1977, 141ff.)
Jede Frau soll untergebracht werden, die bereit ist, innerhalb des *gemeinschaftlich bestimmten Rahmens zu leben. Das Haus sollte Tag und Nacht zugänglich sein. Die Anschrift des Hauses ist anonym.*
Über die Einzelfallhilfe hinaus, müssen alle Möglichkeiten ausgenutzt werden, die die Frauen in die Lage versetzen, *neue Kontakte aufzunehmen* und ihre Situation der Isolation zu verändern.
Die *Begegnungen und Auseinandersetzungen mit Frauen*, die ein vergleichbares Leben führen, soll das Abbauen individueller Versagensängste erleichtern und *das Erkennen von Zusammenhängen fördern*. Über das Zusammenleben und die *gegenseitige Unterstützung* hinaus lernen Frauen, sich zu organisieren, um ihre dringendsten Probleme gemeinsam anzugehen (Arbeits- und Wohnungssuche, Erziehungs- und Schulprobleme der Kinder etc.).
Das Frauenhaus ist kein Therapiezentrum. Bei der Organisation des Zusammenlebens muß deshalb von der potentiellen *Selbständigkeit der Bewohnerinnen* ausgegangen werden und von ihrer Fähigkeit, alltägliche Probleme gemeinsam zu lösen und einander zu helfen. Denn die Frauen sollen *nicht aus der erfahrenen Unmündigkeit durch den Ehemann in eine neue Form der Unmündigkeit durch eine Institution geraten*. Für die Mitarbeiterinnen bedeutet das: Sie müssen lernen, Entscheidungen nicht alleine, sondern zusammen mit den betroffenen Frauen zu fällen. Ein wichtiges Prinzip der Zusammenarbeit soll weiterhin sein, eine zu große Arbeitsteilung zu vermeiden, Fachkenntnisse sollen weitergegeben und nicht monopolisiert

werden. *Es gibt keine Leiterin* – Verantwortung wird auf alle Mitarbeiterinnen verteilt.
(Vgl. Initiative Köln, in: Haffner, 150ff.)
Keine Hierarchie unter den Mitarbeiterinnen im Haus. Anfallende Arbeit wird von allen erledigt. Zwar gibt es Schwerpunkte, Teilnahme an *Hausversammlung*, Schwerpunkte rotieren unter den Mitarbeiterinnen. Alle Frauen sollen nach einer informellen *Vereinbarung gleich viel verdienen und arbeiten. Mitarbeiterinnen benötigen keinen 'Schein' (Berufsausbildung*).
Die Mitarbeiterinnen ergreifen die *Partei der Frauen* und arbeiten feministisch, was meint, sie akzeptieren die Frauen mit ihren individuellen Lebensgeschichten und stützen die Identität der Frauen.

Kleine Modifizierungen des Konzeptes gibt es inzwischen. Wenn ein Frauenhaus wirklich überfüllt ist, wird versucht, die Unterkunft suchende Frau an ein anderes Haus ihres Wunsches weiterzuvermitteln.
Fast alle Frauenhäuser haben eine Altersgrenze für die Söhne der Frauen eingeführt (zwischen 14 und 16 Jahren).
Obwohl es keine Ausbildung zur Frauenhausmitarbeiterin geben kann, da die Arbeitsbereiche so unterschiedlich und vielseitig sind, haben immer mehr Mitarbeiterinnen Universitäts- und Fachhochschulabschlüsse.
Zur Ergänzung und weil hier die Prinzipien fast aller autonomen Frauenhäuser festgeschrieben sind, zitiere ich aus dem hervorragenden Katalog zur Ausstellung »Gewalt gegen Frauen«, die vom 3.-30.12.1984 in der Orangerie in Kassel zu sehen war. Nur ein Beispiel dafür, welche herausragende Arbeit die Kasseler Frauen geleistet haben:

»Wodurch unterscheidet sich das Frauenhaus von einem Heim?
für Bewohnerinnen:
- keine Heimleitung
- keine Belegungshöchstzahlen
- unbürokratische Aufnahmen
- keine Auskünfte an Dritte

- keine Auskünfte über Frauen an Ämter und Behörden
- keine unerwünschte Beratung
- keine Eheberatung
- parteiliche Beratung
- keine Auszahlung von Taschengeld bzw. Sozialhilfe
- keine rigide Hausordnung
- die Hausordnung orientiert sich an den Interessen der im Haus lebenden Frauen
- keine Anwesenheits– bzw. Abmeldelisten
- keine Beschränkung der Ausgehzeiten
- wichtige Entscheidungen fällt die Hausversammlung
- formal gleiche Rechte für alle
- hohe Eigenverantwortlichkeit
- Einbeziehung in die Organisation des Alltags (Bereitschaftsdienst, Nachtwache, Aufnahme neuer Frauen, Ämterbegleitung, Schlüsselkasse, Hauskasse,...)
- Frauen entscheiden selbst über ihren Auszugstermin
- Teilnahme an Mitarbeiterplenum erwünscht
- Mitarbeit nach Auszug möglich
- keine Männer im Haus
- keine 'Amtspersonen' im Haus

für Mitarbeiterinnen:
- Selbsthilfeprojekt von Frauen für Frauen
- keine Anbindung an traditionelle Trägerverbände
- keine Mitarbeit von Männern
- keine Leiterin
- formal gleiche Rechte für alle
- Teamarbeit
- Abbau von hierarchischen Strukturen
- keine herkömmlichen Qualifikationsanforderungen an Mitarbeiterinnen
- keine Trennung von Kopf– und Handarbeit
- Zuständigkeiten können gewechselt werden
- breite Verteilung von Zuständigkeiten über Honorartätigkeiten und ehrenamtliche Tätigkeit

- relativ freie Arbeitseinteilung
- hohe Eigenverantwortlichkeit jeder Einzelnen
- Informationen sind für alle zugänglich
- Zugang zu den Akten
- Einsicht in die Finanzen
- Keine Gelder, die mit Auflagen verbunden sind, die zu Nachteilen der Bewohnerinnen gereichen (§72 BSHG)
- Keine Finanzierung über Pflegesätze
- keine Gelder, die Entscheidungsmöglichkeiten gravierend beschneiden
- Öffentlichkeitsarbeit zum Thema »Gewalt gegen Frauen«
- Zusammenarbeit mit Gruppen aus der autonomen Frauenbewegung«

Frauenhäuser arbeiten am Nerv sozialer Benachteiligung

In der Regel arbeiten alle autonomen Frauenhäuser (vom Anspruch her) nach den oben genannten Prinzipien und Konzepten. Mögliche Abweichungen und Veränderungen haben verschiedene Ursachen. Zum einen hat sich aus der Praxis ergeben, daß es sinnvoll ist, die Arbeit im Kinder- und Frauenbereich zu trennen, was normalerweise auch je nach Personalsituation praktiziert wird. Wichtig ist diese Trennung vor allem deshalb, weil deutlich wurde, daß die Kinder mit ganz anderen Problemen ins Haus kommen als die Mütter.
Was nach wie vor stimmt, ist, daß die Frauen in der Lage sind, ihr persönliches Leben relativ selbständig zu gestalten und die Unterstützung untereinander sowie die Unterstützung von ehemaligen Bewohnerinnen sehr gut funktioniert. Oft bleiben Frauenhausbewohnerinnen am Ort, bilden Freundschaften untereinander und werden so zu einer sehr großen Stütze für das Haus. Sie beteiligen sich auch punktuell an Demonstrationen und Kundgebungen gegen Wohnungsnot, Sozialabbau, Arbeitslosigkeit, Asylrecht... – sind allerdings selten die Initiatorinnen solcher Aktionen. Sie haben vor allem untereinander sehr viel gelernt und alternative Lebensformen gespürt und zum Teil für sich übernommen. Die Frauen kommen

nicht selten mit viel Power ins Haus und haben große Potentiale für Veränderungen.
Was fast in keinem Haus hundertprozentig funktioniert ist die komplette Selbstorganisierung des für das Gesamthaus notwendigen Alltags, was einen Blick auf die ganze Organisierung des Hauses erfordern würde. Ob das eine Frau in ihrer gegenwärtigen Situation sehen kann, hängt von hauptsächlich drei Faktoren ab: innere Repräsentanz (Informationen, Phantasien und Vorstellungen die sie von Haus hatte, bevor sie kam), ihrer persönlichen Mißhandlungsgeschichte und von ihren Ressourcen (vgl. Hanetseder, 87ff).
Die meisten Frauen können diese notwendigen Arbeiten nicht sehen, was dazu führt, daß die sozialarbeiterische Funktion der Mitarbeiterinnen stärker gefordert wird, was heißt, daß die Mitarbeiterinnen zu den Hausversammlungen aufrufen, sich um Renovierungsmaßnahmen kümmern, zur Einhaltung von Regeln ermahnen, die Mülltonnen vor die Türe stellen, Geld einsammeln und im Zweifelsfall mit Sanktionen drohen – eine sehr widersprüchliche Rolle.
Was sich in der Praxis als großes Problem erwiesen hat, für die Bewohnerinnen ein großer Hemmschuh ist und für die Mitarbeiterinnen einen Haufen Arbeit bedeutet, ist der stetig wachsende Sozialabbau, die inzwischen fehlende Lobby für Frauenhäuser und die sich kraß verschlechternde Situation für ausländische Frauen. So fließt viel Zeit in den Kampf mit den Institutionen, Öffentlichkeitsarbeit – die so wichtig wäre – ist dann kaum noch möglich und es gibt kaum noch Frauengruppen, auf deren Unterstützung zurückgegriffen werden könnte. Leider gelingt es auch kaum, den Bewohnerinnen die Arbeit des Hausteams zu vermitteln, geschweige denn, die Bewohnerinnen in die Team- oder Supervisionssitzungen zu integrieren.
Vielmehr sind es die Kürzungen von Sozialhilfe, Streichungen von Umschulungen, Wertgutscheine für Asylbewerberinnen, Aufenthaltsbestimmungen etc., die die gemeinsamen Alltagskämpfe von Mitarbeiterinnen und Bewohnerinnen heute bestimmen. Es sind aber leider immer nur Kämpfe mit einzelnen Frauen, seltenst werden sie gemeinsam als politische Kämpfe geführt…

Das bedeutet täglichen Streß mit Institutionen und Menschen, die sich dahinter verstecken. Viel von der anfänglichen Energie der Bewohnerinnen wird also in Überlebensstrategien gesteckt. Vieler Orts fehlen gute Anwältinnen und Rechtsberatungsstellen für Migrantinnen, Zeugenschutzprogramme für von Gewalt bedrohte Frauen – es fehlen Gelder für solche Stellen und das nötige öffentliche Interesse.
So sind die ersten Tage im Frauenhaus von organisatorischen Zwängen bestimmt, für Frauen und Kinder.
Mit Respekt muß man sich betrachten, welche Kämpfe die einzelnen Frauen durchstehen müssen.
Frauen aus allen sozialen Schichten kommen ins Frauenhaus, alle kommen mit dem Gefühl der totalen Isolation, mit Gewalterfahrungen, Mißhandlungen an Körper und Psyche, mit Eßstörungen und mit dem tiefen Wunsch nach Veränderung, darum haben sie den Mut gefaßt, zu gehen.
Das Frauenhaus ist ein Schutzraum, hier sind die Frauen sicher und können zur Ruhe kommen. Durch die Konzeption des Zusammenlebens im Frauenhaus, gemeinsam für den Unterhalt und die Organisation des Hauses zuständig zu sein, sich Küche, Wohnzimmer, manchmal auch die Schlafräume zu teilen, wird nicht nur die Selbständigkeit der Frauen gefordert sondern auch Begegnungen, Auseinandersetzungen vielleicht auch Konfrontationen mit anderen Frauen ermöglicht. Dadurch lernen die Frauen andere Lebensformen, Gewohnheiten, biographische Hintergründe aufgrund von Nationalitäten, Glaubensrichtungen, Schichtzugehörigkeiten, Eßkulturen, Erziehungsmöglichkeiten, Konfliktlösungsprozesse kennen. Dies erweitert nicht nur den eigenen Lebensentwurf, sondern dieses offen Sein für Fremdes erweitert auch die Reflexionsbereitschaft über das eigene Leben, vieles kann neu durchdacht und interpretiert werden. Darüber hinaus wird auch ein solidarisches Grundgefühl entwickelt. Dieses Grundgefühl kann der Grundstein für ein gewandeltes Selbst- und Frauenverständnis sein.
Angesichts der vielen neuen und interessanten Themen, sowie Aufgaben, die sich aus dem Zusammenleben ergeben, scheint die Hausarbeit, der alltägliche Abwasch in der Vertrautheit fast banal, gewöhnlich, dazwischen finden die intensivsten Kontakte statt, also

an den Orten, die bisher den Alltag der Frauen mit Langeweile gefüllt hatten. Das Öffentliche wird zum Privaten, es entsteht ein neues Abbild sozialer Wirklichkeit (vgl. u.a. Hantetseder; 67ff).
Neben diesen ganzen äußeren Anforderungen, ist es die eigene innere Situation, mit der sich die ins Frauenhaus gekommene Frau auseinandersetzen muß. Oft ist der Flucht ins Frauenhaus eine Krise vorausgegangen, die sich bereits über einen längeren Zeitraum aufgebaut hatte. Jetzt ist die Frauenhausmitarbeiterin in ihrer 'Funktion' als *Begleiterin* gefragt. Es ist ihre Aufgabe, der Frau in ihrer Verletzlichkeit eine Hilfe zu sein. Die Bewohnerin, die, je nach Schwere der Krise, enorme Probleme hat, über ihre Situation zu reden, ist auf die Empatie der Begleiterin angewiesen. Diese wiederum muß spüren, wann die Frau bereit ist zu reden, welche Aufgaben sie schon übernehmen kann, wie sie die Bewohnerin ermutigen kann, ohne sie zu überrollen und mit eigenen Ansprüchen zu überfrachten. Es ist ein Zusammenspiel von Vertrauen und das richtige Verhältnis aus Ermutigungen und Hilfestellungen mit dem Ziel, daß die Frauen Kräfte und Fähigkeiten wieder oder neu entwickeln, ihre Probleme und Ziele langfristig alleine zu lösen bzw. anzugehen.
Um wieder eine emotionale Stabilisierung zu erlangen, die dann das selbständige Leben ermöglicht, kann es auch notwendig sein, zu einer guten Therapeutin Kontakt aufzunehmen.
Es wird deutlich, daß Mitarbeiterinnen und auch die Bewohnerinnen, Managerinnen sein müssen, um das Haus aufrecht zu erhalten, manchmal auch Handwerkerinnen, Sozialarbeiterinnen im Umgang mit Ämtern, Juristinnen…
– Und Kinderfrauen, die natürlich genauso in die Alltagsarbeiten integriert sind, wie alle anderen Mitarbeiterinnen. Zudem haben die meisten Frauenhäuser ein eigenes Konzept für die Kinderarbeit entwickelt.
Am Anfang der Arbeit, steht wie im Frauenbereich, viel Organisatorisches. Schul- bzw. Kindergartenanmeldung, was oft bereits viele Vorverhandlungen abverlangt. Bringen die Kinder schulische Probleme mit, sind sie diesbezüglich negativ belastet? Wissen sie, warum sie im Frauenhaus sind, was haben die Kinder mitbekommen

von den Konflikten der Eltern und/ oder haben sie eigene Gewalterfahungen gemacht? Natürlich müssen die Mitarbeiterinnen sehr sensibel mit diesen Fragen umgehen. Die Kinder bestimmen selten über den Aufenthalt im Frauenhaus mit und müssen Angst davor haben, Vertrauenspersonen wieder zu verlieren...

Neben diesen sensiblen Fragen, gestalten die meisten Frauenhäuser ein sehr aufwendiges Kinderprogramm, welches den Kindern Abwechslung im Alltag bietet, aber auch vor allem die Möglichkeit, ihre negativen Erfahrungen spielerisch zu verarbeiten. Natürlich ist hier oft Hilfe von Außen notwendig, welche aber nur in Absprache mit Kindern und Müttern in Anspruch genommen wird. Während des Kinderprogramms kann auch deutlich werden, welches Kind Unterstützung in Form von Einzelarbeit braucht.

Zudem begleiten die Kinderfrauen Mütter zu Sorgerechtsprozessen, begleiten die oft schweren Auseinandersetzungen um den problematischen – oft rechtlich eingeklagten – Besuchskontakt der Väter, welche meist die Kinder dazu benutzen, um Kontrolle oder Macht auf die Frauen auszuüben...

Sicherlich konnte ich in diesem Teil nur ein paar der Aspekte der Frauenhausarbeit aufzeigen, doch ich bin mir sicher, daß die Frauen, die im folgenden zu Wort kommen, mehr zu sagen haben und sich die Leserin dadurch einen umfassenden Eindruck verschaffen kann.

Die leidliche Finanzierungsdiskussion

Autonomie und Geld – warum eigentlich nicht? Weil allen von Anfang an klar sein mußte, daß es weder vom Bund, Land, Stadt und schon gar nicht vom städtischen Sozialamt Geld für politische Arbeit geben würde.

Schon im Vorfeld der Entstehung von Frauenhäusern war die Finanzierungsdiskussion, eine der heftigsten.

Wie soll man den Frauen einen Schutzraum ermöglichen, ohne daß sie für die erfahrene Gewalt auch noch bezahlen müssen?

Wie das Haus finanzieren, ohne dafür gleichzeitig für staatliche Interessen ausgenutzt zu werden oder in der Arbeit kontrolliert zu werden?

Wird mit der Professionalisierung und dem damit verbundenen Bedarf an Fördermitteln der Anpassungsdruck und der Zeitaufwand nicht immens?
Wie sollen die Mitarbeiterinnen bezahlt werden, was ja auch eine wichtige Forderung innerhalb der Frauenbewegung war…
Die Diskussion war und bleibt heiß – denn es gibt keine Finanzierung ohne Kontrolle und Einmischung, und darum empfinden auch viele Frauen heute noch, daß mit der Akzeptanz von staatlicher Finanzierung die Institutionalisierung und darauf folgende Isolierung anfing…
Mit der Finanzierung wurden Kompromisse für die Häuser gemacht, das läßt sich nicht leugnen. Allerdings wurde versucht, bezüglich der Rechte der Bewohnerinnen und Kinder keine Kompromisse zu machen. Anders als nicht-autonome Frauenhäuser, traten autonome Frauenhäuser bei Verhandlungen immer geschlossen auf und brachen bei Nichteinigung die Verhandlungen ab, nicht unter allen Bedingungen sollten Verträge geschlossen werden.

Finanzierungsmodelle:

a) Mischfinanzierung:
trifft auf fast alle autonomen Häuser in NRW (dem Bundesland mit den meisten Frauenhäusern) und anderen Bundesländern zu:
Die Stellen werden vom Land zu 90% finanziert, wobei das Land die Stellenzahl und deren Finanzierung festlegt. Im Moment sind das in NRW zwei Sozialarbeiterinnen bzw. gleichrangige Stellen (BAT 4a und BAT 4b), eine Erzieherinnenstelle (BAT 5c) und eine Hilfskraftstelle. Diese Stellen müssen mit entsprechend oder höher qualifizierten Frauen besetzt werden.
Natürlich liegt es beim jeweiligen Verein, ob mit der Besetzung hierarchische Strukturen einher gehen.
Ein Problem ist allerdings, daß die Ursprungsidee, auch ehemalige Bewohnerinnen auf die Stellen zu setzen, oft an der offiziellen Qualifikation scheitert.
Darum haben autonome Frauenhäuser immer die qualifikationsunabhängige Förderung der Stellen gefordert und zwar mit BAT 3a

Einstufung, weil dies der inhaltlichen Arbeit im Haus entsprechen würde.
Die Betriebskosten werden durch freiwilligen Zuschuß von Stadt bzw. Kreis finanziert, wobei die Höhe Vereinbarungssache ist. Die Kosten müssen belegt werden. Wobei es immer Streitigkeiten um die Anerkennung bestimmter Kosten gibt. Meist sind die Betriebskosten zu gering und enthalten z.B. nicht die Anschaffung und den Betrieb eines PKWs, der nicht nur für die Kinderarbeit unerläßlich ist... Über den Belegungszwang der Kosten, versuchen sich die Kommunen und Kreise einen inhaltlichen Einblick zu verschaffen und Einfluß zu nehmen. Zudem bedeuten diese Abrechnungen einen hohen Arbeitsaufwand. Aufgrund der zu geringen Betriebskosten sind die Innenausstattungen oft sehr schäbig...
Die Mietkosten machen bei der Mischfinanzierung den Tagessatz eines Frauenhauses aus. Die Mietkosten geteilt durch die Plätze im Haus (Belegungsquote) ergeben den Tagessatz pro Bewohnerin. Bei Sozialhilfeempfängerinnen wird dies von der Stadt übernommen (wie eben die Miete, wenn die Frau alleine wohnen würde), wobei die Stadt dieses Geld über das Bundessozialhilfegesetz (BSHG) zurückfordert. Frauen die selbst arbeiten gehen, müssen diesen Tagessatz für sich und ihre Kinder bezahlen, als Mietanteil. Es versteht sich von selbst, das dieser Satz nicht zu hoch liegen darf, da die Frauen sich sonst den Aufenthalt im Frauenhaus nicht leisten könnten oder automatisch zur Sozialhilfeempfängerin würden. Zudem müssen die Frauen oft weiter für die Wohnung aufkommen (gemeinsamer Mietvertrag) aus der sie flüchten mußten.
Von den meisten Kommunen werden die Frauenhäuser zur Empörung aller Betroffenen, wie Wirtschaftsbetriebe geführt.

b) Spenden:
Frauenhäuser sind immer auf Spenden zur Restfinanzierung der Stellen, der Grundeinrichtung des Hauses (paradoxerweise enthält der Betriebsbedarf meist keine größeren Erstanschaffungen, sondern 'sichert' nur den Erhalt solcher Anschaffungen), zur Aufstockung des meist zu gering berechneten Betriebsbedarfs, für Sonderaktionen mit Frauen und Kindern... angewiesen.

c) Kommunaler Haushaltstitel:
Im besten Fall übernimmt die Stadt alle Kosten, d.h. Stellen (meist analog zur Landesförderung) und die laufenden Betriebskosten des Hauses, wobei die Mietkosten meist als Tagessatz bestehen bleiben. Auch hier gibt es Mischfinanzierungen, wenn die Stadt z.B. nur einen Teil der Kosten trägt und der Rest über das BSHG finanziert werden muß, bzw. bei verdienenden Frauen selbst bezahlt werden muß. Auch hier darf der Tagessatz nicht zu hoch liegen.
Zudem hängt die Finanzierung des Haushaltstitel problematischerweise von der politischen Situation und Stabilität des Rates der jeweiligen Stadt ab.
Es wird sicherlich deutlich, daß es noch keine wirklich 'gerechten' Finanzierungsmodelle gibt. Untragbar wird die Finanzierung, wenn sie zu Lasten der Bewohnerinnen geht, und diese so noch für die erfahrene Gewalt bezahlen müssen und sich womöglich verschulden.

d) Etatfinanzierung:
Ist leider nur ein politischer Wunschtraum: Jedes Frauenhaus erhielte einen Etat, über den frei verfügt werden könnte.

Reflexionen

Daß autonome Frauenhäuser in unserer 'gegenwärtigen' Gesellschaft unersetzbar und nötig sind, habe ich mich aufzuzeigen bemüht. Im Hauptteil des Buches wird dies durch die dort zu Wort kommenden Frauen noch deutlicher werden. Es ist unumstößlich, daß sowohl den Bewohnerinnen als auch den Mitarbeiterinnen aller Respekt gehört. Um aber Frauenhäuser und autonome Projekte insgesamt, wieder in das Zentrum feministischer Diskussionen zu rücken, ist es für alle feministisch orientierte Frauen wichtig zu reflektieren und, selbstkritische Gedanken zu äußern.
In diesem Sinne beginne ich mit einem Zitat aus dem Editorial der *beitäge zur feministischen theorie und praxis* von 1993, diese Gedanken sind heute nicht weniger relevant…
»Haben sich feministische Theorie und Praxis als ein Relikt der Interessenvertretung von Mittelschichtfrauen unter der Schirm-

herrschaft wohlfahrtsstaatlicher Marktwirtschaften überlebt? Die Antwort auf diese zugespitzt formulierte Behauptung scheint 'ja' zu lauten (...)
Das feministische Politikverständnis wurde in Teilen der autonomen Frauenbewegung mehr und mehr vom privaten abgeleitet – in kurzschlüssigem Verständnis, daß das Private mit dem Politischem zusammenfalle, was u.a. zur feministischen Abstinenz gegenüber jeglichen etablierten Politikstrukturen und -institutionen führte. In der Umkehr scheint jetzt für manche Frauen die Übernahme eines Politikverständnisses, das Lobbysmus und Filz für selbstverständlich hält, im Trend zu liegen, versuchen sie die Spielregeln des real existierenden Parlamentarismus im Namen des Feminismus auf die gleiche Weise wie die Baulobby zu üben. Zwischen dem Fernziel Systemveränderung einerseits und dem zynischen Mitagieren im System andererseits scheint es (noch) keinen Weg zu geben.(...)«

Genau mit jenem Widerspruch, dem Fernziel der Systemveränderung und dem Mitagieren im System, leben autonome Frauenhäuser. Und dieser Widerspuch war von Anfang an vorprogrammiert.

Von Anfang an, war klar, daß staatliche Gelder an Bedingungen geknüpft sind, sie dienen der Befriedung und erfordern einen ständigen immensen Arbeitsaufwand, zudem machen sich Frauenhäuser dadurch erpreßbar. Allerdings wäre ohne diese finanzielle Unterstützung keine professionelle Arbeit möglich gewesen.

Das zweite Hauptproblem liegt in der inneren Struktur. *»Zwitterkonzept«* haben es die Kölner Frauen in einem reflektorischen Beitrag zu ihrer Arbeit genannt (vgl. beiträge zur feministischen theorie und praxis, Heft 35, 1993, 27f.) Damit meinen sie, daß es der politische Anspruch von den Initiatorinnen war, sich möglichst überflüssig zu machen (Fernziel) und der materielle Anspruch war, sich selbst berufsbezogene Arbeitsplätze zu schaffen...

Was den Initiatorinnen gelungen ist, ist die partielle Sicherung von Arbeitsplätzen und ein großes Netz von autonomen Frauenhäusern in der BRD. Die Arbeit in den Häusern ist professionelle feministische Sozialarbeit, die inzwischen viel zu isoliert von anderen feministischen Projekten und Gruppen geleistet wird. Das hohe Engagement der Mitarbeiterinnen ist nicht zu leugen, allerdings reduziert sich dies auf

ein berufliches. Finanzierungskämpfe und die starke Arbeitsbelastung, sprich Institutionalisierung, haben sowohl Isolierung als auch Professionalisierung mit sich gebracht.
Für die in das Frauenhaus flüchtenden Frauen bedeutet dies, ein hohes Maß an Sicherheit und professioneller Begleitung, die natürlich auch mit strukturellen politischen Kämpfen einhergeht. Die einzelne Frau bekommt soviel Begleitung wie sie wünscht und selbst bereit ist zu leisten…
Leider gelingt es nur selten, Frauenhausbewohnerinnen in politische Gruppen zu integrieren, und ihnen dort einen politischen Rahmen für ihre Anliegen und Gedanken zu geben, um so die Chance wahrzunehmen, aus den Einzelfallkämpfen politische Kämpfe zu machen.
Aber Frauenhäuser sind mit ihrer Isolation nicht die Ausnahme, wobei wir beim dritten Problem wären, die desolate Situation »der« autonomen Frauenbewegung insgesamt: – Randkämpfe von Mittelschichtsfrauen?
An Auseinandersetzungen hat es nicht gefehlt: Bevölkerungspolitik, Eurozentrismus der weißen Mittelschichtsfrauen, das Fehlen von ausländischen, insbesondere Schwarzen Frauen in feministischen Zusammenhängen… Es sind Randdiskussionen geblieben…
Gefehlt haben Auseinandersetzungen um die deutsche Vereinigung im Zusammenhang mit dem Zusammenbruch der kommunistischen Regime des Ostblocks – vor allem zusammen mit Frauen aus der Ex-DDR… Es gäbe viele Ansätze:
Asylrecht, Sozialabbau, Ursachen von Gewalt, gesellschaftliche Zusammenhänge von individueller und gesellschaftlicher Gewalt… doch wieder verharren die meisten existierenden Gruppen in intellektuellen Kreisen, fern vom sozialen Brennpunkt. Neugierde und Austausch, gemeinsame politische radikale Diskussionen und Kämpfe sowie gegenseitige Unterstützung und soziale 'Kontrolle' (statt Konkurrenz untereinander) unter den Projekten, sind die Komponenten, auf die zu hoffen ich nicht aufgeben möchte.

»Der Traum ist jene Realität, auf die wir uns zubewegen.« (Emma Goldman)

Ines Gutschmidt, im März 1998

Alltag im Frauenhaus – Interviews

Die Mitarbeiterinnen

Während eines Treffens mit den Mitarbeiterinnen des Frauenhauses diskutierten wir die verschiedenen Aspekte ihrer Arbeit.
Wichtig war mir zunächst, den Unterschied zwischen kirchlich getragenen und autonomen Frauenhäusern herauszuarbeiten.
Ein weitere wichtige Frage war, wie es zu der Entwicklung von der anfänglich eigenen Betroffenheit der Mitarbeiterinnen zu der langsam entstehenden institutionalisierten Sozialarbeit kam. Steht hinter der Arbeit im Frauenhaus noch ein darüber hinausgehender politischer Anspruch, und wenn ja, wie kann er konkret umgesetzt werden? Welche Schwierigkeiten und Widersprüche tauchen in der Arbeit, aber auch in dem ständigen Kampf um die Finanzierung auf.
Außer den theoretischen und ideologischen Fragen setzen wir uns in diesem Mitarbeiterinnengespräch auch mit der ganz konkreten Arbeit, der eigenen Belastbarkeit und mit den Beziehungen der Mitarbeiterinnen zu den betroffenen Frauen auseinander.

Autonome Frauenhäuser im Gegensatz zu Frauenhäusern in kirchlischer Trägerschaft – den sogenannten Gegenhäusern

Ute: Ich denke ein großer Unterschied zwischen den sogenannten Gegenhäusern und den autonomen Häusern besteht darin, daß in den Gegenhäusern oft noch der Anspruch besteht, die Frauen dazu zu bewegen, wieder zu ihrem Mann zurückzugehen. Das Ziel ist also, zwischen den Männern, vor denen sie geflüchtet sind, und den Frauen zu vermitteln, weil die Familie auch in unserer Gesellschaft einen sehr hohen Stellenwert hat.
In den autonomen Häusern geht es nicht darum, mit den Männern zu arbeiten oder die Frauen dazu zu überreden, wieder zu ihrem Mann zurückzugehen oder in eine andere Richtung zu lenken, sondern darum die Frauen in *ihren* Entscheidungen zu stützen.

Marta: Die meisten Gegenhäuser werden vom *Sozialdienst Katholischer Frauen* (SKF), einer Einrichtung der Caritas, getragen und einige von der *Arbeiterwohlfahrt* (AWO). In den SKF-Häusern besteht vorwiegend eine christliche Herangehensweise: „Die Frauen, die zu uns kommen, die sind arm dran, denen müssen wir helfen."
Ich beurteile dies so: Es wird daran gearbeitet, daß die Frauen auch weiterhin in Abhängigkeit gehalten werden, also keine Autonomie entwickeln können. 'Geholfen' wird beispielsweise mit Kleiderspenden, oder die Frauen werden nicht zum Sozialamt geschickt, um einen Zuschuß zu ihrer Wohnungseinrichtung einzufordern, sondern es wird gesagt: „Wir haben hier noch was Gebrauchtes stehen, nehmen Sie das doch erst mal. Man muß ja nicht immer das Beste haben…"
Vielleicht ist das ja für einige Frauen ganz gut, ich weiß es nicht, auf jeden Fall werden die Frauen stark umsorgt und beeinflußt…
Im Gegensatz dazu legen die autonomen Häuser Wert darauf, die Stärke der Frauen 'herauszukitzeln'. Das ist der wesentliche Unterschied.

Elke: Kraß war der Unterschied vor allem in den ersten Jahren, als hier in der Stadt ein Frauenhaus von der Caritas eingerichtet wurde. Den Bewohnerinnen wurde vom Sozialamt ein Taschengeld ausgezahlt, das die Sozialarbeiterinnen des Hauses sofort wieder einkassierten und für die Frauen verwalteten. Es wurde gemeinsam eingekauft und gekocht und im großen und ganzen den Frauen viel Eigenverantwortung aus der Hand genommen.
Ich denke, was Marta beschrieben hat, entspricht dem vorrangigem Bedürfnis vieler Frauen, die Verantwortung abzugeben… Diesem Bedürfnis nachzugeben, verhindert, daß die Frauen selbständig werden und lernen, ihr Leben selbst in die Hand zu nehmen. Diese Unfähigkeit fängt mit ganz alltäglichen Dingen an: zum Beispiel damit, mit Geld umzugehen, oder selbständig gesetzliche Ansprüche bei den Ämtern einzufordern…

Ingrid: In den Gegenhäusern besteht zumindest ursprünglich ein anderes Frauenbild oder besser gesagt, der feministische Ansatz fehlt. Sie wollen gar nicht die Selbständigkeit der Frauen erreichen, sondern

es geht darum, daß die Institution Frauenhaus für die Übergangszeit die Versorgung übernimmt. Später übernimmt das sowieso wieder der Mann.
Ein weiterer wichtiger Unterschied besteht in der Organisierung der Arbeit zwischen den Mitarbeiterinnen. In den autonomen Frauenhäusern gibt es keine hierarchischen Strukturen, sondern unabhängig von ihren Qualifikationen machen alle Mitarbeiterinnen die gleichen Arbeiten im Haus. Sie arbeiten als Team, ohne Leiterin, und sind alle gleichermaßen entscheidungsbefugt.
In den SKF-Häusern werden die Sozialarbeiterinnen in allen Fragen mit der Leiterin konfrontiert, die dann letztlich die Entscheidungen trifft. Dadurch wird den Bewohnerinnen wieder eine hierarchische Welt gespiegelt. Wir aber wollen Bilder und Identifikationsmuster schaffen, die den Frauen einen Bruch mit ihrem bisherigen Leben ermöglichen.

Marta: Ganz konkret heißt *autonom* einfach, daß wir keinen übergeordneten Träger haben, keinen Dachverband, dem wir unterstehen oder Rechenschaft schuldig wären.

Elke: Aber, um eine größere Lobby auf politischer Ebene zu haben, gibt es einen Zusammenschluß der autonomen Häuser. Es ist kein Dachverband, sondern versteht sich als Landesarbeitsgemeinschaft (LAG), beziehungsweise Bundesarbeitsgemeinschaft (BAG). Durch den Zusammenschluß haben wir einfach eine größere Schlagkraft, um z.B. vom Bundesland finanzierte Stellen zu erstreiten oder eventuell Gesetzesänderungen durchzusetzen...

Ingrid: Die Landesarbeitsgemeinschaft setzt sich aus den Vertreterinnen verschiedener autonomer Frauenhäuser zusammen. Auch hier gibt es keine Hierarchie: Die Frauen werden nicht für eine bestimmte Position gewählt, sondern die Gemeinschaft formiert sich immer aus Frauen, die sich in der Frauenhausarbeit politisch engagieren. Als weitere *Institution* gibt es bereit seit 20 Jahren die Zentrale Informationsstelle für Frauenhäuser (Ziff) in Siegen, die mittlerweile 140 autonome Frauenhäuser vernetzt.

Die Institutionalisierung der Frauenhäuser

Marta: In den 70er Jahren als die Frauenhäuser gerade entstanden – dies gilt auch für unser Frauenhaus – war es in der Arbeit wichtig, daß von einer gleichwertigen Betroffenheit der Mitarbeiterinnen und der Frauen die zu uns ins Haus kamen, ausgegangen wurde: Wir alle sind gleich von Gewalt betroffen. Die einen werden geschlagen – als Spitze der männlichen Gewalt gegenüber Frauen –, aber auch wir und andere Frauen sind insgesamt den patriarchalischen Strukturen, die gesamtgesellschaftlich gewalttätig sind, unterworfen.
Im Laufe der Frauenhausarbeit hat sich gezeigt, daß es aber durchaus soziale Unterschiede gibt – und sei es nur die Tatsache, daß beispielsweise eine Frau die Chance auf eine Ausbildung hatte und die andere eben nicht –, so daß sich eine Bewohnerinnen- und eine Mitarbeiterinnengruppe gebildet hat. Die Arbeit ist in den letzten Jahren mehr und mehr zu institutionalisierter Sozialarbeit geworden, ich will nicht sagen immer und überall, aber schon sehr häufig, auch wenn wir dieser Entwicklung entgegensteuern.

Ingrid: Zumindest phasenweise. Es gibt auch immer wieder Momente, in denen es anders ist, und der politische Anspruch wieder in den Vordergrund tritt. Zum Beispiel bei der Demonstration gegen den Paragraphen 218. Da waren viele Bewohnerinnen dabei oder andere Aktionen, um beispielsweise die Lage von Alleinerziehenden zu verdeutlichen. Es gibt immer wieder Situationen, bei denen sich Bewohnerinnen und Mitarbeiterinnen gemeinsam für ein politisches Ziel einzusetzen …

Marta: … also Momente, in denen der alte Traum wieder ins Bewußtsein rückt, der beinhaltet, daß in der Frauenhausbewegung auch ein gesamtgesellschaftlicher politischer Anspruch verwirklicht wird: Frauen, die im Frauenhaus sind, sollen mit einem erweiterten Bewußtsein für die gesellschaftliche Realität ausziehen. Sie sollen verstehen lernen, daß es eben nicht ihr individuelles Gewaltproblem ist,. das sie ins Frauenhaus getrieben hat. Leider gelingt das nicht immer.

Elke: Teilweise hatten wir damals, als das Haus geöffnet wurde, viel zu hohe politische Ansprüche an die Frauen. Die akuten und psychischen Probleme, mit denen sie kamen, waren viel dringender und wichtiger, als die ganzen politischen Ansprüche und Befreiungsbestrebungen, die wir im Kopf hatten und immer noch haben, trotz der allgegenwärtigen Diskrepanz zwischen Anspruch und Wirklichkeit.

Ingrid: Ich finde die These von Marta – durch die tatsächlichen Unterschiede zwischen Mitarbeiterinnen und Bewohnerinnen, habe sich die Institutionalisierung ergeben – schwer zu halten. Die Institutionalisierung steht im engen Zusammenhang mit der Gesamtstruktur des Hauses. Ich denke, das wäre zum Beispiel anders, wenn wir stärkere finanzielle Stützen hätten, und nicht ständig als *Institution* um unsere Existenz kämpfen müßten. Uns bliebe viel mehr Zeit, uns mit den Frauen auch über politische Arbeit auseinanderzusetzen und auch ernsthaft Öffentlichkeitsarbeit zu betreiben.
Aber dadurch, daß Frauenhäuser immer noch kein festes Standbein in dieser Gesellschaft haben, sind weder unsere Stellen, noch eine langfristige und zuverlässige Finanzierung des Hauses gesichert. Immer noch müssen wir ständig um Gelder verhandeln und die Macht liegt bei denen, die uns zu jeder Zeit den Geldhahn abdrehen können. Diese Gefahr besteht vor allem dann, wenn wir keinen Druck auf die Öffentlichkeit halten können. Leider nehmen diese Kämpfe um unsere finanzielle Sicherheit viel zu viel Zeit und Energie in Anspruch.
Hier wird ein Hauptproblem unserer Arbeit deutlich: Wer kann den Bewohnerinnen diese Schwierigkeiten überhaupt noch vermitteln?

Elke: Ich denke, es gab einen großen Einschnitt, als wir die Stellenfinanzierung akzeptiert haben. Das Haus war ursprünglich als Selbsthilfeprojekt geplant, also ohne vom Land durch Haushaltstitel oder sonstwie finanzierte Stellen. Irgendwann haben die Frauenhäuser aber festgestellt, welcher immense Arbeitsaufwand damit verbunden war, so ein Haus am Laufen zu halten, mit den Frauen zu arbeiten, und für die Kinder eine kindgerechte Arbeit zu leisten. Also wurden in einem langen politischen Kampf die Stellen eingefordert –

es war damals ein wichtiger Aspekt, die Arbeit von Frauen für Frauen bezahlt zu bekommen und nicht länger Sebstausbeutung zu betreiben, aber damit wurden auch Bedingungen akzeptiert, mit denen heute umgegangen werden muß. Das Haus wurde auf diese Weise institutionalisiert. Wie wir es schon gesagt haben, führte das zu einer immer größer werdenden Diskrepanz und Trennung zwischen Bewohnerinnen und Mitarbeiterinnen.

Ingrid: Ja, das ist ein sehr zweischneidiges Eisen. Einerseits war es eine Forderung der Frauenbewegung, die Arbeit nicht mehr unbezahlt zu leisten, auf der anderen Seite hatte das die Konsequenz, daß der Staat versuchte, 'ein Bein ins Haus' zu bekommen, mehr Kontrolle auszuüben und Rechenschaftsberichte zu verlangen. Indem wir öffentlich finanzierte Stellen akzeptierten, taktierten wir ganz klar mit dem Staat.

Elke: Die Gewalt gegenüber Frauen ist ein öffentliches, ein gesellschaftliches Problem, insofern hat die Gesellschaft im Grunde zu zahlen, Mittel und Häuser bereitzustellen.

Marta: Das ist richtig, aber wir schufen gleichzeitig dem Staat und der gesamten Gesellschaft diese Alibifunktion: Solange es Frauenhäuser gibt, können die Frauen ja irgendwo hingehen, die Frauen sind von der Straße und keiner muß sich das Elend anschauen oder sich gar damit auseinandersetzen. Dieser Gedanke kommt in letzter Zeit öfter hoch und hat zu einem wichtigen überregionalen Diskussionsprozeß geführt: Stützen wir mit der Frauenhausbewegung womöglich das ganze System der Gewalt gegenüber Frauen, machen wir damit etwa ein großes Problem unsichtbar?

Ingrid: Ja, die Frauenhäuser dienen als gesellschaftliches Auffangbecken. So werden sie irgendwie am Leben erhalten, so gerade, daß sie immer noch existieren, während Projekte, die Präventionsarbeit leisten, viel mehr Schwierigkeiten haben, an Gelder zu kommen. Projekte, bei denen es an die Ursachen geht, wie z.B. auch Selbstverteidigungsprojekte.

Marta: Dasselbe gilt für Berufsförderungsprojekte, die Frauen auch aus ihrer finanziellen Abhängigkeit rausholen. Diese Projekte haben enorme Schwierigkeiten, an öffentliche Gelder zu kommen. Mal ganz abgesehen davon, daß Frauen für gleiche Arbeit immer schlechter bezahlt werden als Männer und auch die Kinderbetreuung nicht gesichert ist.

Die Arbeit im Haus

Elke: Es gibt zwei große Arbeitsschwerpunkte: die Kinder- und Frauenarbeit und die Organisations- bzw. Verwaltungsarbeit. Diese Arbeitsbereiche verteilen wir untereinander.

Marta: Die Arbeit hier im Frauenhaus umfaßt alles Mögliche und Unmögliche: vom Möbelschleppen bis Kinder trockenlegen, von Beratungsgesprächen bis hin zur Verwaltung und Geldbeschaffung. Du bist immer für das gesamte Frauenhausprojekt mitverantwortlich. Es gibt keine Chefin, die Aufgaben delegiert oder dir sagt, was gemacht werden muß. Das, was du machst, entscheidest du selbst, und bist natürlich auch für deine Aktionen selbst verantwortlich, ohne sie auf jemand anderes abschieben zu können. Natürlich werden viele Entscheidungen im Team oder in der Teambesprechung abgestimmt. Das Lob für Arbeiten, die gut geklappt haben, ist relativ gering, aber wenn etwas schief läuft, mußt du das selbst ausbaden.

Ingrid: Die Idee unserer Arbeit ist, daß die Frauen wieder lernen, autonom zu leben, und die Eigenverantwortung für ihr Leben übernehmen. Diese Eigenschaft wurde durch die Beziehung verschüttet. Wie wir die Frauen darin unterstützen können, wie wir sie auf ihrem Weg begleiten können, dafür gibt es verschiedene Ansätze, ich denke aber, es ist schon deutlich geworden, daß Frauenhausarbeit interdisziplinäre Anforderungen stellt, von Sozialarbeit zur Pädagogik, Soziologie, Psychologie und Sozialmanagement ist alles wichtig...

Elke: Wieviel Sozialarbeit wir machen oder nicht machen, was wir der Eigenverantwortung der Frau überlassen, und wo wir uns engagieren... Wir möchten natürlich ungern, daß die Frauen wieder zu ihren Männern zurückgehen. Allerdings ist der Weg, den jede Frau gehen muß, ganz unterschiedlich. Das mußten wir, die Mitarbeiterinnen, auch erst einmal begreifen. Ich weiß noch, wie fertig ich war, bei jeder Frau, die wieder zu ihrem Mann zurückgegangen ist. Heute bin ich weniger persönlich betroffen. Ich kann eher akzeptieren, daß eine Frau verschiedene Wege ausprobieren muß. Oft kommen die Frauen auch nach einiger Zeit zurück ins Frauenhaus.

Marta: Ich kenne eine Frau, die sieben oder acht mal zu uns gekommen ist. Schon nach dem ersten Mal hat der Mann sie nicht mehr geschlagen. Es hat zwar gedauert, aber man konnte eine Entwicklung sehen. Die Beziehung hat sich verändert, weil die Frau aktiv geworden ist, weil sie gezeigt hat, daß sie ich auch gehen kann.

Ingrid: Wir arbeiten grundsätzlich nicht mit den Männern zusammen, daß heißt, wir arbeiten nicht darauf hin, Gespräche zwischen dem Mann und der Frau herzustellen. Wenn das passiert, ist das die alleinige Entscheidung der Frau.
Es gibt viele Lernprozesse, die die Frauen und wir durchmachen, z.B. im Umgang mit den Kindern. Wir haben oft ganz andere Vorstellungen und Moralauffassungen über die Kindererziehung als die Frauen. Auch ist es für uns oft schwierig zu begreifen, daß es ein wichtiger Schritt sein kann, wenn eine Frau ihr Kind oder ihre Kinder abgibt. Es ist nicht immer einfach, die eigenen Vorstellungen und Ideale nicht auf die Frauen zu projizieren.
Häufig besteht der Wunsch, dies mit den anderen Mitarbeiterinnen zu diskutieren und gemeinsam unsere Arbeit mit den Frauen und den Kindern zu reflektieren. Die einzige Form, in der wir das jetzt ausführlich machen können, ist eine monatliche Supervision. Im Arbeitsalltag versuchen wir das in den regelmäßigen Teambesprechungen. Aber wenn viele andere organisatorische Fragen anliegen, rücken die Frauen und Kinder zu oft in den Hintergrund.
Jede Mitarbeiterinn begleitet mehrere Frauen. Erstmal ist es Zufall, wer mit wem arbeitet. Eine Frau kommt neu ins Haus, und die

Mitarbeiterin, die gerade da ist, führt das Erstgespräch, woraus sich dann die eigentliche Zusammenarbeit entwickelt.

Marta: Die persönliche Belastung in dieser Arbeit ist gnadenlos hoch. Für mich setzt diese Anforderung eine Arbeit an sich selbst voraus, um damit psychisch klarzukommen. Eigenarbeit in dem Sinn, daß du deine Grenzen erweiterst, z.B. von Verhaltensmustern, die du im Kopf hast, und mit der Frau auch zu arbeiten, wenn sie in anderen Strukturen oder Mustern denkt. Ansonsten ist es sehr anstrengend, wenn du sie 'irgendwohin prügeln' willst, oder wenn sie irgendwas machen soll, damit *du* zufrieden bist, statt die Frau da abzuholen, wo sie im Moment steht.

Ingrid: Wir sind oft, ohne daß wir das wollen, Vorbilder für die Frauen. Sie beobachten, wie wir miteinander umgehen, wie wir uns kleiden. Bei Frauen, die länger im Haus sind, merken wir häufig, daß sie sich anpassen, oder Gedanken von uns konstruktiv aufnehmen. Das kann eine Anregung sein, man muß aber auch sehen, ob man will oder nicht, daß man vielleicht unbewußt ganz einfach eigene Interessen vermittelt.

Marta: Noch mal zur Belastastbarkeit. Wenn mir eine Frau ihre Geschichte erzählt, das ist manchmal schwierig zu verkraften. Natürlich habe ich viel gelesen, oder im Fernsehen gehört, was Frauen und Kindern alles passiert. Aber, wenn mir eine Frau ihre Lebensgeschichte erzählt, ist das viel direkter. Ich muß mich abschotten. Manchmal, wenn ich das nicht schaffe, dann überfluten mich die Bilder regelrecht. Als ich mit der Arbeit im Frauenhaus angefangen habe, ging ich abends nach Hause und hatte noch fünf Stunden weiter daran zu arbeiten. Das ist jetzt nicht mehr so. Aber die ersten zwei Jahre war das richtig heftig. Dies ist eine Arbeit, die dich immer wieder persönlich betroffen macht, das zehrt.

Christa: Während des Gesprächs mit der Frau denke ich gar nicht darüber nach. Die Anspannung, die daraus entsteht, kommt erst später raus, wenn ich zu Hause bin. Es ist mir schon oft so gegangen, daß ich dann sehr betroffen reagiere, oder denke, ich muß jetzt raus, in die Kneipe, irgendwie was anderes sehen. Oder ich mache etwas Schönes, ich gehe Essen… Ich arbeite einem halben Jahr hier und habe jetzt erst gemerkt, daß ich in letzter Zeit sehr viel Geld für Kleidung und andere Konsumartikel ausgegeben habe. Das sind eindeutige Reaktionen.

Elke: Man muß schon wirklich aufpassen. Ich kenne das von mir selbst. Man muß sich bewußt Bereiche schaffen, die einem persönlich Spaß machen, egal was, ob ich reiten lerne, oder was mit meinen Kindern unternehme, etwas nur für mich, so daß meine Gedanken einen Abstand zu meiner Arbeit bekommen.

Marta: Man braucht einen Raum, in dem man sich wieder regenerieren kann. Während der Arbeit gibst du viel von dir und stopfst danach irgendwie das Loch mit Alkohol oder mit Essen. Ich habe am Anfang gnadenlos zugenommen, andere nehmen ab. Auf jeden Fall reagierst du, das ist ganz klar. Da macht sich das Helfersyndrom bemerkbar.

Elke: Ich denke, da hilft uns die Supervision. Wir haben lange ohne Supervision gearbeitet, wir dachten, wir könnten das alles alleine regeln, ohne Hilfe von außen, besonders ohne professionelle Hilfe von außen. Heute merke ich deutlich, wie hilfreich es ist, Distanz zu schaffen, zu reflektieren und zu sehen, daß nicht nur du für die Probleme, die da ablaufen, verantwortlich bist. Das zu lernen ist wichtig.

Ingrid: In der Supervision hast du auch die Möglichkeit, die Probleme und Spannungen zu klären, die im Team auftauchen, bevor sie sich anstauen und unüberwindbar werden.
Bei der Arbeit im Frauenhaus ist es wirklich schwer, Distanz aufzubauen, weil der Alltag zu nah ist. Das ist einfach etwas ganz anderes, als in einer Beratungsstelle zu sitzen. Bei uns ist es nach wie vor so, daß man sich mit den Frauen auf einer gewissen Ebene identifiziert.

Die Beziehung zwischen Mitarbeiterinnen und Hausbewohnerinnen:

Marta: Die Bewohnerinnen nehmen uns unterschiedlich wahr, was natürlich auch damit zusammenhängt, daß die Frauen mit verschiedenen Problemen kommen.
Wir sind zu relativ festgelegten Zeiten im Haus, um so dem Alltag im Haus eine bestimmte Struktur zu geben. Relativ, weil wir auch Außentermine haben.
In der Regel bestimmen die Bewohnerinnen das Klima im Haus. Manchmal wird mehr unsere sozialarbeiterische Seite gefragt, ein anderes Mal sollen wir uns ganz raushalten. Beeinflußt wird die Stimmung durch die Konstellation im Haus, durch Faktoren wie hohe Fluktuation oder durch Anspannungen von unserer Seite. Man kann schon sagen, wir werden oft als Außenstehende betrachtet. Leider haben wir auch eine Kontrollfunktion. Beispielsweise fordern wir die Einhaltung der Hausregeln. Ursprünglich wurden diese gemeinsam mit den Frauen entwickelt, fast alle Regeln haben die Funktion, die Sicherheit der Einzelnen im Haus zu gewährleisten. Oberste Regel ist, die Geheimhaltung der Adresse des Frauenhauses.

Ingrid: Ob wir als Autorität betrachtet werden, ist von der Situation im Haus abhängig. So entsteht manchmal ein negatives Klima und es kommt zu Fragen wie: Wer ist verantwortlich hier? Wer ist hier die Chefin? Wer hat hier das Sagen? Seit wann seid ihr eigentlich hier? Wer kümmert sich eigentlich um uns? Wenn das Klima im Haus gut ist, gestalten sich die Beziehungen mehr auf der freundschaftlichen Ebene: Gib mir mal einen Tip? Wie kann ich das am Besten machen?

Elke: Natürlich spielt auch die Stimmung im Team eine Rolle. Viele Jahre war es so, daß wir ein ziemlich konstantes Mitarbeiterinnenteam waren. Wir wollten damals beispielsweise auch nicht mit Praktikantinnen arbeiten, da wir die Situation einfach zu problematisch fanden: kurze Praktika verbunden mit der hohen Fluktuation innerhalb des Hauses. Für die Bewohnerin, die von einer Praktikantin *betreut* wurde, mußte nach Abschluß des Praktikums wieder eine andere

Mitarbeiterin einspringen, und die Arbeit fing eigentlich wieder bei Null an, da viele Gespräche nur über eine persönliche Beziehung zustande kommen. Außerdem können wir Praktikantinnen nicht bezahlen, weil wir dafür kein Geld haben.
Ein anderer Nachteil bei häufigem Wechsel der Mitarbeiterinnen im Haus ist, daß viele Fragen einfach auf mich zurückkommen, weil ich diejenige bin, die am längsten im Haus arbeitet. Das fördert hierarchische Strukturen, die wir eigentlich überhaupt nicht wollen, aber die entstehen, weil ich länger da bin, und was den Alltag und das Frauenhaus betrifft, vielleicht einen kleinen Wissensvorsprung habe. Das merken auch die Frauen im Haus: Da sitzt noch eine, die wird letztendlich noch gefragt.

Ingrid: Einen wichtigen Aspekt unserer Arbeit haben wir noch nicht beschrieben. Bei den organisatorischen Arbeiten legen wir viel Wert darauf, daß diese von allen geleistet wird, eine wirklich klare Trennung der Arbeiten gibt es nur im Kinder- und Frauenbereich. Wir haben also Mitarbeiterinnen, die schwerpunktmäßig Kinder- und andere, die Frauenarbeit machen. Dies ist für uns sehr wichtig, da wir festgestellt haben, daß die Kinder mit ganz anderen Problemen zu uns kommen, als deren Mütter und dadurch oft Interessenskonflikte entstehen.

Die Bewohnerinnen

Warum ins Frauenhaus?

In folgendem Kapitel stellen wir einige der Frauen vor, die 1993/94 im Frauenhaus gelebt haben. Alle, bis auf eine Ausnahme, waren zum ersten Mal in einem Frauenhaus. Christine hat vor einiger Zeit eine eigene Wohnung gefunden, wo sie seitdem alleine mit ihren Kindern lebt.
Die anderen Frauen, befanden sich während des Interviews noch in der ersten Phase des Ablösungsprozesses. Noch vielfach existierender Haß und junge Wut auf den Ehemann oder Partner ließen die Frauen sehr entschlossen ihre Entscheidung von der endgültigen Trennung vertreten. Die Beziehung empfanden sie als abgeschlossen. Zweifel ließen die befragten Frauen nicht an sich heran. Die Abgrenzung und Distanz zu der eigenen – gerade noch erlebten Vergangenheit – war groß.

Sabine, 34 Jahre ist mit ihrer Tochter Ellen, 12 Jahre, nach achzehnzehnjähriger Ehe ins Frauenhaus geflohen.

Sabine: Mein Mann hat mich geschlagen und meine Tochter terrorisiert. Aus diesem Grund sind wir jetzt hier im Frauenhaus.
Wir waren vier Jahre verheiratet, als mein Mann mich das erste Mal geschlagen hat. Das hielt sich noch in einem erträglichen Rahmen; damals hatten wir beide Schuld an der Situation. Dann wurde Ellen geboren, und kurz darauf fing er wieder an mich zu schlagen. Das ging auch noch. Damals habe ich zwar nicht die Scheidung eingereicht, aber erstmals damit gedroht, weil ich mich nicht mehr schlagen lassen wollte. Ich dachte, wenn er etwas zu sagen hat, braucht er das nicht mit Schlägen zu machen. Beim letzten Mal war er sehr aggressiv und ich habe ihm gesagt: „Jetzt nicht mehr!" Diese letzte Situation war ausschlaggebend für mich, vor allem, weil Ellen auch dabei war. Ellen hatte solche Angst, daß sie barfuß zu ihrer Freundin gelaufen ist und draußen schrie: „Er bringt meine Mama

um!“ Das war ganz schön hart für Ellen und mich. Ellen ist nach dieser Situation erstmal nicht mehr nach Hause gekommen.
Er hatte mich losgeschickt, Ellen zu suchen. Ich wußte ja, wo sie war – ich wußte immer wo sie war. Ich bin dann trotzdem losgelaufen und er fuhr mit dem Auto hinterher. Ich habe so getan, als würde ich Ellen suchen. Dabei habe ich ihn suchen lassen, habe gedacht: Such du mal ruhig, ich weiß ja wo sie ist. Später habe ich sie dann abgeholt und gesagt: „Komm nach Hause, wenn du nicht nach Hause kommst, schlägt er mich tot…“
Das war Sonntags. Ich bin dann noch eine Woche zu Hause geblieben, während dieser Zeit habe ich ihn links liegen gelassen. Allerdings war ich am Montag sofort beim Arzt, ich habe mir ein Attest ausstellen lassen, mit dem ich dann zum Rechtsanwalt gehen konnte.
Mein Mann wußte davon natürlich nichts. In dieser Woche habe ich ihm dann öfters gedroht: „Wenn du so weitermachst, bin ich weg!“ Ich habe einfach nicht mehr mit ihm diskutiert, wenn er dies oder jenes von mir wollte. Eine Woche darauf, am Samstag kam er wieder auf mich zu und fragte: „Wie sieht es denn mit einkaufen aus?“
Ich antwortete: „Einkaufen. Mit dir nicht mehr!“ Ellen war gerade für ein paar Minuten aus dem Haus. Wir saßen am Küchentisch. Ich sagte noch zu ihm: „Laß mich in Ruhe, ich hasse dich wie die Pest.“ Ich konnte einfach nicht mehr anders. Laß mich in Ruhe! durfte ich nicht sagen. Er sprang auf, und wollte die Jalousie runter lassen. Mein Haus sieht aus wie die Häuser in Holland, ein versetztes Reihenhaus, da können die Nachbarn leicht reinschauen.

Ellen: Ich war gerade mit dem Fahrrad wiedergekommen. Meine Mutter und mein Vater saßen am Tisch und stritten sich mal wieder. Ich habe mein Fahrrad genommen und in die Garage gebracht und bin reingegangen. Sie stritten sich immer noch. Ich weiß gar nicht, was sie gesagt haben. Auf jeden Fall ist mein Vater dann aufgestanden und ging zur Tür, zur Terrassentür, und wollte sie schließen. Ich sagte schnell zu meiner Mutter: „Wenn er die Tür zu macht, dann will er was von dir.“ Wir sind dann schnell zusammen nach draußen gerannt.

Sabine: Zuerst sind wir zu einer Freundin gelaufen, ich war ja noch in Hausschuhen und hatte nur ein T-Shirt an. Von dort habe ich eine andere Freundin angerufen, und die hat mich und Ellen abgeholt. Aber dort konnten wir ebenfalls nicht bleiben, weil auch sie in Scheidung lebte. Sie sagte zu mir: „Geh ins Frauenhaus!“ Ich fragte schon völlig resigniert: „Was ist denn ein Frauenhaus? Was soll ich da?“
Sie erzählte mir dann ein bißchen darüber und so habe ich mich einverstanden erklärt, ich hatte schließlich auch keine andere Wahl.

Ellen: Mamas Freundin hat dann im Frauenhaus angerufen, und mit dem Taxi sind wir dahin gefahren, das heißt, bis zur Brücke, dem Treffpunkt, wo uns die Mitarbeiterinnen abgeholt haben.
Das war das Frauenhaus in H. Da war es eigentlich ganz gut. Aber wir blieben nur zwei Tage dort, weil mein Vater uns gefunden hatte. Dann sind wir mit dem Auto in das Frauenhaus nach S gefahren. Meine Mutter konnte in den letzten Tagen noch Sachen von zu Hause abholen, als mein Vater nicht im Haus war, auch das Auto.
Wir waren ungefähr drei Wochen in dem zweiten Frauenhaus. Es war wirklich sehr gut dort. Ich hatte Freundschaften geschlossen. Aber mein bekloppter Vater, fand wieder heraus, wo wir waren. Meine Mutter saß draußen im Garten. Mein Vater, der sie suchte, hat sie dort gesehen, und wollte über den Zaun klettern – wir hatten ja hohe Zäune ums Haus. Als meine Mutter ihn wahrnahm, ist sie sofort ins Haus gestürmt und hatte die Tür zugeschlossen. Sie hatte natürlich ziemlich große Angst.
Aber mein Vater kam wieder. Meine Mutter saß mit Susanne vor der Tankstelle. Plötzlich tauchte mein Vater mit dem Auto auf, und wollte meine Mutter ins Auto ziehen. Sie hat sich gewehrt und er hat sie mit Gewalt über die Straße gezogen. Sie wäre dabei fast noch von einem anderen Auto überfahren worden.
Währenddessen saß ich gerade im Eßzimmer, von der oberen Etage kamen mehrere Frauen runter, die sagten, daß draußen eine Frau um Hilfe schrie. Sie haben dann die Polizei angerufen. Ich dachte: He, wer schreit denn da um Hilfe? Hinterher habe ich dann erfahren, daß es meine eigene Mutter war.

Zwei Leute aus der Tankstelle kamen ihr zu Hilfe und sagten: „Lassen Sie die Frau los!“ Mein Vater: „Das ist meine Frau.“ Meine Mutter erwiderte: „Den Mann kenn’ ich überhaupt nicht, was will der überhaupt von mir?“ Sie haben dann meine Mutter wieder zum Frauenhaus gebracht. Schon fast dort angekommen, hatte mein Vater sie wieder angegriffen. Aber mittlerweile war die Polizei da, und er versuchte nur noch sich schnell zu verdrücken.
Am nächsten Tag sind wir dann hierher gekommen. Wenn er uns hier auch findet, dann müssen wir wieder weg.

Martina, 36, ist mit ihren zwei Kindern vor ihrem zweiten Mann ins Frauenhaus geflohen. Außer den körperlichen Mißhandlungen, die ihr Ehemann ihr und ihren Kindern zugefügt hat, sind ihre beiden Töchter Angelika, 14 Jahre, und Anke, 12 Jahre, vom Stiefvater über mehrere Jahre sexuell mißbraucht worden. Zur Zeit des Gesprächs lebten sie bereits sechs Monate im Frauenhaus. Anke hat sich entschieden, in eine Jugendwohngruppe zu ziehen.

Martina: Ich lebe hier im Frauenhaus, weil es mit meinem Mann zusammen nicht mehr ging. Er hat uns oft geschlagen und auch auf die Kinder keine Rücksicht genommen. Er hat Angelika und Anke verprügelt, mit dem Riemen, oder mit irgend etwas, was er gerade zu fassen bekam, oder auch mit den Fäusten, immer nur drauf, egal wohin er getroffen hat. Getrunken hat er auch, und es wurde immer schlimmer.
Mich hat er immer dann geschlagen, wenn ich ihm die Wahrheit gesagt habe. Er konnte die Wahrheit nicht ertragen, schon habe ich eine sitzen gehabt; aber so, daß ich Kopfschmerzen bekam, und ich mich manchmal übergeben mußte, mir schwindlig und schlecht wurde.
Irgendwann habe ich zu ihm gesagt: „Ich halte das nicht mehr aus, hör damit auf, sonst gehe ich weg.“ Das hat er nicht ernst genommen. Und ich bin dann schließlich gegangen. Und er hat ganz genau gewußt, warum ich gegangen bin.
Das war an einem Freitag. Tags zuvor war ich bei T, dem Leiter von Angelikas Tagesgruppe. Wir hatten uns mehrere Stunden unterhalten,

ich hatte ihm alles über unsere Situation Zuhause erzählt und auch darüber, daß ich das Gefühl hatte, *daß er was mit dem Mädchen hat.* Ich habe meinen Verdacht nicht direkt ausgesprochen, weil ich es ja nicht genau wußte, später hat es sich dann doch bestätigt. T sagte mir, daß es Frauenhäuser gäbe, auch hier in der Nähe. Da könnte ich hingehen und meine Töchter mitnehmen. Er sagte, er würde mir helfen, wenn ich ins Frauenhaus gehen würde, denn es sei für mich und für die Kinder besser. Na ja, dann habe ich mich entschieden wegzugehen, habe zugesagt. T sagte: „Ich hole Sie morgen ab, bringe Sie zum Treffpunkt des Frauenhaus, und da können Sie ersteinmal bleiben."
Nach dem Gespräch mit T. habe ich dann die Mädchen mittags von der Schule abgeholt und sie gefragt, ob irgend etwas mit dem Papa wäre, was sie mir verheimlichen würden. Wir standen auf dem großen Schulhof. Erst Angelika und dann auch Anke sagten mir: „Mama, ich hab ein Geheimnis." Ich darauf: „Solche Geheimnisse darf man nicht behalten, die muß man erzählen." Und dann haben sie es gesagt, daß der Vater sie sexuell mißbraucht hat.

Angelika: Am Tag bevor wir ins Frauenhaus gingen, waren meine Mama, meine Schwester und ich allein im Zimmer. Mein Stiefvater saß im Wohnzimmer und hat gelesen oder fern gesehen. Anke machte Schulaufgaben, Mama und ich haben uns leise unterhalten, darüber was sie mit T besprochen hatte. Sie sagte, daß wir wegfahren würden, ganz weit weg, und irgendwo unterkommen würden. Und das habe ich dann für mich behalten und keinem gesagt. Meine Schwester wußte das nicht.
Am nächsten Tag kam Mama nach der Arbeit in die Schule. Kurz darauf hat uns T abgeholt.

Martina: Bevor uns T abholte, bin ich noch zur Arbeit gegangen und habe mit meinem Chef gesprochen. Merkwürdigerweise hat er sich nicht gewundert, er hat es schon lange gewußt. Ich kam auch nicht gerade munter zur Arbeit. Sie fragten mich oft, ob ich krank sei. Mein Chef hat mir dann angeboten, wenn irgendwas sei, solle ich es ruhig sagen. Aber ich habe mich so geschämt, weil das hier im Dorf sofort von Mund zu Mund gegangen wäre. An dem Abend, als ich

gegangen bin, wußten es alle schon. Mein Mann hatte bei der Polizei angerufen, und gefragt, wo ich sei, und ich solle doch zurückkommen. Er wüßte gar nicht, warum ich gegangen wäre. Mittlerweile hat er alles zugegeben.
An dem Freitag, nach der Schule, hat uns T zunächst zur Polizei gebracht, um Anzeige gegen meinem Mann zu erstatten. Wir waren 5 Stunden da. Die Polizistin hat alles aufgenommen. Angelika mußte noch am gleichen Tag zur Frauenärztin. Die hat dann festgestellt, daß Angelika keine Jungfrau mehr ist.
Mein Mann hat natürlich alles abgestritten. Er sagte es wäre, weil Angelika viele Freunde hätte. Die hätten das mit ihr gemacht. Aber er war es. Inzwischen habe ich eine Anwältin.

Miriana, 27 Jahre, zwei kleinen Töchter, hat eine Flüchtlingsgeschichte mit Gewalterfahrung hinter sich.
Die Verständigung zwischen Miriana und mir war während des Interviews recht schwierig. Miriana beantwortete meine Fragen auf Bosnisch, und ich ließ sie später übersetzen. So konnte ich leider während des Gesprächs nicht auf ihre Antworten eingehen. Diese Lücken sind im Text erkennbar. Dennoch erschienen mir ihre spezielle Geschichte und ihre Erfahrungen, zum einen als Asylsuchende und zum anderen als Ausländerin im Frauenhaus, so interessant, daß ich sie trotz der Mängel mit in dieses Buch aufgenommen habe.

Miriana: Ich bin Miriana, komme aus Bosnien und habe zwei Kinder, von fünf und drei Jahren. Ich bin Muslimin. Vor einem Jahr und fünf Monaten bin ich wegen des Krieges nach Deutschland geflüchtet. Zuerst war ich mit meinen Kindern in P bei meinen Schwiegereltern. Dort hatte ich große Probleme, da mein Schwiegervater sehr viel trinkt, er ist Alkoholiker. Er war mir und meinen zwei Töchtern gegenüber gewalttätig. Aus diesem Grund konnte ich dort nicht bleiben. Beim Sozialamt erzählten sie mir vom Frauenhaus und vermittelten mich hierher, wo wir nun seit 10 Monaten leben.
Meine Töchter gehen beide hier in den Kindergarten und haben schon viel bessere Deutschkenntnisse als ich.

Natürlich ist es aufgrund kultureller Unterschiede nicht leicht für mich hier im Frauenhaus zu leben. Vom Sozialamt bekomme ich nur wenig Bargeld, das meiste bekomme ich in Wertgutscheinen.

Christina, 27 Jahre, ist mit ihren drei kleinen Kindern ins Frauenhaus geflohen. Nach einem 18monatlichem Aufenthalt im Frauenhaus hat sie eine Wohnung gefunden, in der sie mit ihren Kindern lebt. Sie steht in einem regen und aktiven Kontakt mit dem Frauenhaus, nimmt an der Kreativtherapiegruppe teil und steht anderen Frauen, die im Frauenhaus leben mit Rat und Tat zur Verfügung

Christina: Oft, wenn ich abends nach Hause kam, wußte ich schon, wenn es wieder Prügel von meinem Mann gab. Eines abends, als ich mit einer Bekannten und den drei Kindern in einem Imbiß essen war, unterhielten wir uns über meinen Mann, an diesem Abend habe ich mir das Telefonbuch genommen und schon mal die Telefonnummer des Frauenhauses rausgesucht. Es war eine einfache Nummer und ich habe sie mir fest eingeprägt.
Und dann kam der Punkt, an dem es einfach nicht mehr weiter ging. Morgens habe ich im Frauenhaus angerufen, mir wurde ein Treffpunkt genannt, von dort wurde ich dann zur vereinbarten Zeit abgeholt.
Zunächst bin ich nur mit der ältesten Tochter abgehauen. Der Jüngste schlief noch und Silke wollte bei ihrem Vater bleiben. Als wir dann ins Frauenhaus fuhren, habe ich gesagt, ich hätte noch zwei Kinder zu Hause. Die Mitarbeiterinnen haben mir empfohlen sie gleich rauszuholen. Entweder mit dem Taxi oder mit der Polizei.
Die Mitarbeiterinnen kamen mit und riefen auch noch die Polizei als Begleitschutz an. Die standen dann auch schon vor der Tür, als wir ankamen. Wir sind dann in die Wohnung gegangen. Mein Mann schlief noch. Der war noch nicht nüchtern. Wir hätten die ganze Wohnung ausräumen können, er hätte das nicht gemerkt. Ich habe die Kinder fertig gemacht, konnte dann noch die ganze Garderobe einpacken, und dann gings mit den Kinder in den Bulli und nichts wie weg.

Mein Mann hat mich mehrmals geschlagen, und einmal sagte ich ihm: „Wenn du mich noch einmal schlägst, bin ich weg."
Mein Schwiegervater war Alkoholiker, L, mein Mann, auch. Wenn Probleme auftauchten, griff er schnell zur Flasche. Und wenn den Kindern das ständig vorgelebt wird, wenn sie das jahrelang mitbekommen, machen sie das später auch. Und das wollte ich auf keinen Fall.

Der erste Tag im Frauenhaus

Der erste Tag im Frauenhaus wird von den Bewohnerinnen ganz unterschiedlich wahrgenommen. Noch unter dem Schock der Flucht kommen sie in eine für sie ganz neue Umgebung. Viele wissen gar nicht genau, was im eigentlichen Sinn ein Frauenhaus bedeutet, und was sie dort erwartet. Vom Frauenhaus erfahren haben viele entweder durch Freunde und Bekannte, oder sie sind auf Grund der Empfehlung eines Amtes, Krankenhauses, einer Ärztin... auf das Frauenhaus aufmerksam geworden.
Diese ersten Tage im Frauenhaus sind für alle Frauen schwierig und werden häufig wie in Trance wahrgenommen. Zahlreiche neue Eindrücke stürzen auf die Frauen ein, vermischen sich mit der Entscheidung den Mann zu verlassen und der Angst, er könne sie dort finden. Es ist ungewohnt und bedarf einiger Zeit der Eingewöhnung, auf engstem Raum mit anderen Frauen zusammenzuleben.
Sofort, in den ersten Tagen, müssen einige bürokratische Amtsgänge erledigt werden: Der Antrag auf Sozialhilfe muß abgegeben werden, eventuell müssen die Frauen noch zu anderen Ämtern, z.B. zum Jugendamt, Arbeitsamt oder zur Rechtsanwältin...
Aber der Kontakt, die Gespräche, der Beistand von den anderen Frauen hilft über diese ersten Ängste, Unsicherheiten und Anfangsschwierigkeiten hinweg. In den meisten Fällen integriert sich die Frau schnell in die Hausgemeinschaft.
Die Mitarbeiterinnen haben im Haus einen besonderen Stand. Sie werden als Vertrauenspersonen und Ansprechpartnerinnen für auftauchende Probleme anerkannt, werden um Tips und Ratschläge

gebeten, sind aber auch diejenigen, die eine gewisse Kontrollfunktion innerhalb des Hauses innehaben. Man kann sagen, sie bilden die Struktur, sind das Gerüst und die treibende Kraft im Haus.
Im dem folgenden Gespräch mit den Mitarbeiterinnnen erörtern wir die Frage der ersten Tage, die eine Frau im Frauenhaus erlebt. Was passiert in der Regel, wenn eine Frau um Hilfe und Aufnahme im Haus bittet?
Das Erstgespräch, das am ersten oder zweiten Tag mit einer Mitarbeiterin geführt wird, nimmt eine wichtige Rolle ein. Hier wird der erste Kontakt hergestellt, die Frau erklärt die Gründe ihrer Flucht und hat die Möglichkeit über ihre Probleme zu reden, ihr werden die Regeln des Hauses erklärt, genauso wie die Notwendigkeit bestimmter Amtsgänge auch die Frage nach eventuellen Perspektiven wird gestellt.

Marta: Es ist so, daß eine Frau in der Regel selber, oft aber auch eine Bekannte oder Freundin hier anruft. Aber auch das Sozial- oder Jugendamt, die Beratungsstelle oder das *Amt für Soziale Dienste* (ASD) können Vermittler sein. In der Regel sprechen wir selber mit der hilfesuchenden Frau.
Wenn sie kommen möchte, und wir Platz haben, nennen wir ihr einen Treffpunkt. Von dort ruft sie dann noch einmal an, damit sie abgeholt werden kann. Aus Sicherheitsgründen können wir natürlich die Adresse des Hauses nicht herausgeben. Es könnte ja sonst jeder vorbeikommen oder eine Frau vorschicken, um die eigene Frau zu finden. Nur unsere Telefonnummer ist im Telefonbuch zu finden.
Wenn die Frau ins Haus kommt, mache ich selten das Erstgespräch sofort. Die Frau und eventuell die Kinder bekommen zunächst ihr Zimmer zu sehen, und dann kommt der obligatorische erste Kaffee in der Gemeinschaftsküche, der für erste Kontakte zu den anderen Bewohnerinnen wichtig ist. Die anderen Frauen im Haus kümmern sich um sie und helfen die erste Hemmschwelle zu nehmen. Sie sind es auch, die die Frauen einführen, wenn die Mitarbeiterinnen nicht da sind, abends oder am Wochenende. Sie können sich am besten in die Situation einfühlen, ihr eigener erster Tag ist meist noch nicht lange her.

Die Erstgespräche werden von den Mitarbeiterinnen mit den neu ankommenden Frauen geführt. Jede Mitarbeiterin hat natürlich ihren eigenen Stil und es liegt an ihrer Sensibilität, einfühlend auf die Frau zu reagieren. Im allgemeinen bleibt sie in der gesamten Zeit, in der die Frau im Haus lebt, ihre Ansprechpartnerin.
Die Gespräche finden unter vier Augen statt, was der Frau die Möglichkeit gibt, schneller Vertrauen zu der Mitarbeiterin zu fassen. Im Erstgespräch kristallisieren sich die verschiedenen Problembereiche heraus, die ganz unterschiedlich sein können: manche Frauen haben ein großes Bedürfnis ihre ganze Lebensgeschichte zu erzählen, andere Frauen halten sich erst mal zurück, sie erzählen später, was sie belastet.

Ingrid: Es ist wichtig, daß die Gesprächspartnerin ebenso eine Frau ist. Die Frauen müssen das Gefühl haben, daß das, was sie sagen, unter uns bleibt. Es steht ihnen frei über ihre Geschichte und ihre Erfahrungen zu erzählen oder nicht. Oft ist es ihnen peinlich, und sie wollen nicht, daß die anderen Frauen davon wissen. Uns, den Gesprächspartnerinnen stellt sich die Frage, inwiefern die Frau darüber reden möchte. Meistens bekommt man aber im Gespräch mit, ob sie sich wünscht, daß man noch einmal genauer nachfragt, oder sie in Ruhe läßt, weil sie noch kein Vertrauen hat oder die Kraft nicht findet zu erzählen.
Wir haben auch öfter Frauen hier, die ganz vorsichtig sind, mit dem, was sie sagen, weil sie verunsichert sind oder uns nicht vor den Kopf stoßen wollen.
Im allgemeinen ist es für viele das erste Mal, daß sie eine Chance bekommen, darüber zu reden, was ihnen alles widerfahren ist. Es ist dann einfach wichtig, sich wirklich Zeit zu nehmen und zusammen zu überlegen, wie man mit diesen Erfahrungen umgeht, ob z.B. andere Stellen zur Unterstützung hinzugezogen werden müssen.

Elke: Ich merke oft, wie wichtig es den Frauen ist, daß da eine Person sitzt, die ihnen glaubt. Ich bin mir dessen gar nicht mehr so sehr bewußt, weil es für mich so klar ist, daß die Geschichten wahr sind und ich ihr glaube, aber für die Frauen ist das gar nicht selbstverständlich. Es ist wirklich im ersten Gespräch ganz wichtig, daß sie das Gefühl bekommen, ernstgenommen zu werden. Es hat ihr ja sonst nie jemand geglaubt.

Ingrid: Sicherlich haben die Frauen oft auch vorher versucht, *Verbündete* in der Familie oder im Freundeskreis zu finden. Dieses Vertrauen ist dann häufig mißbraucht worden, entweder weil die Ansprechpartnerinnen ihr nicht glauben wollten oder sie sogar mit dem Mann paktierten und ihm zum Beispiel intime Informationen weitergaben.
In vielen Fällen ist das Erstgespräch die erste wirkliche Möglichkeit über die eigenen Probleme zu sprechen. Darüber hinaus eröffnen sich auch im Haus viele Möglichkeiten: Da sind andere Frauen, die ähnliche Erfahrungen gemacht haben, sie glauben dir und wollen dir helfen und reden unter Umständen die ganze Nacht mit dir.
Im ersten Kontakt mit den Frauen sollen sie merken, daß wir auf ihrer Seite stehen, und es uns nicht darum geht, den Mann zu schützen, sondern die Frau. Wir ergreifen Partei für sie.
Alle anderen Arbeiten ergeben sich dann aus der Situation: Kontakt mit der Rechtsanwältin, Sozialamt oder anderen Institutionen; vielleicht ist auch eine Therapie anzustreben…

Im folgenden berichten einige betroffene Frauen von ihren Eindrücken am ersten und den folgenden Tagen im Frauenhaus.

Sabine: Bevor ich hierher kam war ich bereits in zwei anderen Frauenhäusern gewesen, weil mein Mann mich jedes Mal gefunden hatte und ich erneut fliehen mußte.
Ich bin abends ins erste Frauenhaus gekommen, zusammen mit Ellen. Erstmal habe ich geheult, das ist normal, oder? Dann haben andere Frauen uns das Zimmer gezeigt. Am nächsten Morgen, nachdem ich aufgestanden war, bekam ich meinen Kaffee und lernte die anderen Mitbewohnerinnen kennen. Sie haben mich nicht gleich mit vielen Fragen erdrückt, sondern auch von sich erzählt. Das fand ich ganz toll. Ich hatte noch nie erlebt, daß Frauen so auf mich zugegangen sind.

In den andern Häusern war das ähnlich. Dort haben sie versucht mich zu trösten. „Hier findet er dich bestimmt nicht ..!“ Wenn man so freundlich in die Hausgemeinschaft aufgenommen wird, dann ist das gut.

Martina: Die erste Zeit im Frauenhaus hatte ich große Angst. Das war sehr schlimm. Ich konnte nicht mehr richtig schlafen und habe nur immer gedacht: Mensch, wenn der herkommt, haut er alles kurz und klein. Ich habe wirklich Angst gehabt. Das hat sich jetzt verändert. Die Kinder haben sich sofort wohlgefühlt. Sie haben gesagt: „Endlich haben wir unsere Freiheit.“ Das habe ich mir auch gedacht. Du hast deine Freiheit; du kannst machen, was du möchtest; du kannst kaufen, was du möchtest... Ich durfte ja bei meinem Mann nichts, aber auch gar nichts. Ich durfte nicht ausgehen, ich durfte nichts mit meinen Kindern machen, er hatte mir alles verboten...

Angelika (Martinas Tochter): Als wir ins Frauenhaus kamen hatte ich ziemliches Herzklopfen, weil ich noch nie von meinem Stiefvater weggelaufen war. Am ersten Abend hatte ich noch das Gefühl, er wäre hier.
Aber ich habe mir gesagt, im Frauenhaus sind wir erstmal sicher, und bin langsam ruhiger geworden. Ich habe mich schon darüber gefreut, von Papa wegzusein, und darauf, selbständiger zu werden. Meine Schwester fühlt sich hier nicht so wohl, hat sie gesagt, sie will von hier weg. Sie hat selbst entschieden, in eine Wohngruppe zu ziehen, wo sie nichts mehr mit Mama zu tun hat. Sie kann sie wohl besuchen kommen, wenn sie will. Es ist kein Heim oder so.

Christina: Zunächst einmal bekommt eine Frau, die ins Haus kommt, einen Fragebogen, worauf sie beantwortet, wie man heißt, wieviele Kinder man hat und wer einem die Adresse des Frauenhauses gegeben hat.
Die Frauen, die kommen, erhalten Kaffee. Die Kinder werden sofort beschäftigt. Dann wird mit der Frau gesprochen. Einige möchten im Moment nicht sprechen. Das ist in Ordnung. Die Frau entscheidet selbst, ob und wann sie erzählt.

Nun, nach all dem was Du durchgemacht hast, was hast Du nun vor?
Ich weiß es noch nicht, es ist alles so viel...
Ich weiß nicht wo ich anfangen soll. Es muß so viel geregelt werden. Manchmal glaube ich nicht, daß ich das schaffe. Aber ich muß es dieses mal durchziehen!
Das geht uns allen so am Anfang. Wir können auch zusammen mal zum Sozi fahren.
Ich konnte am Anfang nächtelang nicht schlafen. Mein ganzes Leben war ein Scherbenhaufen.
Mark macht mir auch Sorgen, er macht nur noch was er will, ist frech und hört überhaupt nicht auf mich. Ich komme mit ihm nicht klar.
Hallo, da bin ich wieder. Gibt es irgendwas Neues?
Corinna hat sich ja sehr gefreut, daß Du so pünktlich bist.
Ach, ich kann da gar nichts für. Beim Arzt hat alles so lange gedauert. Dann habe ich noch den Bus nicht bekommen. Tut mir leid.

Am ersten Tag, als ich ins Frauenhaus kam, hatte ich eine Mitarbeiterin für mich. Wir haben uns hingesetzt und darüber geredet, was mir passiert war, und was ich mir so vorstelle vom Leben. Auch darüber, was ich jetzt machen möchte. Ob ich mich jetzt scheiden lassen möchte, und was mit den Kindern passiert. Dann haben wir über das Sozialamt gesprochen. Ich war noch nie auf dem Sozialamt. Ich wußte gar nicht, daß es das gibt. Die Mitarbeiterin ist später mit mir dahin gegangen. Das war gar kein Problem. Und wenn man wollte, dann kamen sie auch mit zur Rechtsanwältin.
Meine Töchter, Sarah und Silke, waren sehr aggressiv zu der Zeit. Die Aggressivität meines Mannes hatte sie stark verunsichert. Die Mitarbeiterin hat mir vorgeschlagen, mit ihnen zu einer Kinderpsychologin zu gehen. Das habe ich dann auch getan. Das war ganz super, was die Mitarbeiterinnen für uns gemacht haben. Alleine hätte ich wahrscheinlich nichts auf die Beine gestellt.

Das Sozialamt

Im Erstgespräch wird den Frauen gesagt, daß sie zum Sozialamt gehen müssen. Für viele Frauen ist das ein Schock. Es ist aber notwendig, um sich so vorläufig die eigene Existenz zu sichern. Egal aus welcher sozialen Schicht die Frauen kommen, sie werden fast alle zu Sozialhilfeempfängerinnen. Meist müssen sie in eine andere Stadt, damit der Mann sie nicht finden kann, und dadurch verlieren sie ihre Stelle und müssen zum Sozialamt. Besonders für Frauen, die noch nie beim Sozialamt waren, ist dieser Gang sehr schwer. Viele Frauen müssen, wenn sie ankommen, zunächst einmal eine regelrechte Ämtertour machen. Bevor sie zum Sozialamt geht, erst noch zum Arbeitsamt, dann vielleicht noch zu einer anderen Stelle des Arbeitsamtes, vielleicht noch das Jugendamt, dann wieder zum Sozialamt, das sie, wenn sie Pech hat, noch mal irgendwo hinschickt. Frauen die berufstätig sind, bezahlen im Frauenhaus einen bestimmten Tagessatz, je nach Finanzierung des Frauenhauses.

Sabine: Es war sehr schwer für mich, zum Sozialamt zu gehen. Ich kannte das nicht. Wir haben immer viel gearbeitet, dementsprechend

I.
...Die Erhöhung des Kindergeldes auf 220DM verbessert insbesondere die Lebensqualität von Personen mit niedrigem Einkommen...
II.
Ja, ich muß Ihnen leider mitteilen, daß Sie weniger Sozialhilfe bekommen, da das Kindergeld als Einkommen berechnet wird und somit von dem Regelsatz abgezogen wird...
Dann habe ich ja genauso viel wie vorher, d.h. so wenig wie immer...

viel Geld und unser eigenes Haus gehabt. Wir hatten alles was wir brauchten und dann der Weg zum Sozialamt, ich weiß es noch, da kam ich mir ganz schön dumm vor.
Das erste Mal, als ich dort war, fühlte ich mich, als ob ich in ein großes Loch gefallen wäre, aus dem ich nicht mehr rauskommen kann... ein ganz tiefes Loch, ganz tief unten, wie auf der Straße, wie eine Prostituierte fühlte ich mich. Aber ich mußte ja irgendwoher Geld bekommen. Das kannte ich vorher überhaupt nicht, vor der Sachbearbeiterin zu sitzen, und die fragt dich dann alles mögliche, warum, weswegen und wieso? Mir war das sehr peinlich.
Jetzt ist das nicht mehr so schlimm. Ich gehe jetzt hin, bespreche mein Anliegen, und fertig damit.

Viele Asylsuchende, die nach Deutschland kommen, werden in Containern untergebracht und dürfen den jeweiligen Regierungsbezirk nicht verlassen. Sie bekommen noch weniger Sozialhilfe und je nach Regierungsbezirkt erhalten sie statt Bargeld Verpflegungsgutscheine.
Davon abgesehen, daß diese Praxis absolut unmenschlich ist, hat es darüber hinaus mit den Frauenhäusern zu tun, da dort häufig Ausländerinnen und Asylbewerberinnen wohnen.
Ich möchte dieses Problem hier ansprechen, da die ohnehin nicht leichte Situation der Frauen im Frauenhaus durch diese Behandlung weiterhin erheblich erschwert wird. Miriana lebt tagtäglich damit. Sie erzählt von ihren Schwierigkeiten finanzieller, aber vor allen Dingen emotionaler Art. Das Problem liegt nicht in erster Linie in der Höhe des Geldes, sondern darin, daß nur wenige Geschäfte diese Wertgutscheine einlösen und für kleinere Käufe das Bargeld fehlt und in der Tatsache, daß sie auch noch von der Bevölkerung 'schief' angesehen wird. Die Wertgutscheine werden über eine bestimmte Höhe ausgestellt, z.B. 50,- DM. Damit man über die Herausgabe von Bargeld nicht doch an Geld kommt, dürfen die VerkäuferInnen nie mehr als 5,- DM herausgeben. Alkohol und Zigaretten dürfen mittels Wertgutscheinen nicht erworben werden.

Miriana: Hier in M* bekomme ich Lebensmittel- und Kleidergutscheine. Einmal im Monat gehe ich zum Sozialamt und hole sie mir ab. Ich bekomme Gutscheine für Lebensmittel und 150,- DM in bar. Das Bargeld ist viel zu gering. Davon muß ich das Busgeld bezahlen und den Kindern auch Spielzeug und Kleidung kaufen, weil die Gutscheine für das Bekleidungsgeld nicht ausreichen. Zweimal im Jahr bekomme ich Bekleidungsgeld für jedes Kind, das ist viel zu wenig. Dafür bekomme ich gerade eine Hose und eine Jacke.
Es ist schwierig sich mit den Gutscheinen zurecht zu finden, besonders, wenn man schlecht Deutsch spricht. In den Geschäften wird man oft schief angesehen. Wenn man in Gutscheinen bezahlt, kann man bis zu 10% in Bargeld zurückbekommen. Bei 50,-DM sind es 5,- DM. Wenn ich nur für 10 Pfennig mehr eingekauft habe, muß ich den Artikel wieder zurückbringen. Das ist dann eine sehr unangenehme und peinliche Situation. Man wird schikaniert, und es ist eine Erniedrigung für alle, die diese Gutscheine bekommen.

Der Alltag im Frauenhaus

Die Entscheidung von zu Hause wegzugehen, den Mann zu verlassen und im Frauenhaus Unterschlupf zu suchen, bedeutet für viele Frauen die Stadt zu wechseln, die Arbeit aufzugeben und vorerst von der Sozialhilfe zu leben, aber vor allen Dingen bedeutet es, viele Freunde und Bekannte nicht mehr oder nur sporadisch sehen zu können und Freundschaften aufgeben zu müssen.
Hinzu kommt die Umstellung auf eine neue Umgebung, das Zusammenleben mit anderen Frauen auf engstem Raum. Die Frauen müssen lernen sich mit der Situation zu arrangieren und Kompromisse und Einschränkungen in Kauf zunehmen.
Aber durch das Zusammenrücken der Frauen, durch den gegenseitigen Austausch und die gegenseitigen Hilfestellungen, durch die

---

* ist zwar inzwischen in M abgeschafft, aber in anderen Städten immer noch gängige Praxis, so verschärft in Berlin, wo für die ganze Stadt zwei große Warenlager eingerichtet werden sollen, in denen sich AsylbewerberInnen gegen Warengutscheine versorgen müssen.

Auseinandersetzung mit den eigenen Zukunftsperspektiven und Autonomiebestrebungen, wird eine neue Kraft in Bewegung gesetzt, die viele von ihnen vorher noch nicht kannten.
So werden sich die Frauen ihrer selbst und ihrer Situation bewußt, lernen mehr, ihren Entscheidungen zu vertrauen, und ein neues Selbstbewußtsein fängt an, sich langsam in ihnen zu regen.
So sind die Schwierigkeiten mit denen die Frauen in dieser Zeit zu kämpfen haben, nicht nur ein Handicap und Hindernis, sondern auch förderlich für ihre eigene Stärke und ihren inneren Kampfeswillen. Die Frauen, die ins Frauenhaus kommen, haben jahrelang ihre Kräfte in den täglichen Kämpfen und Reibereien mit den Männern und im erdrückendem Stillhalten verbraucht. Jetzt, vielleicht zum ersten Mal, nutzen sie diese Kräfte für sich selbst und sehen, daß ihre Energien wie Wasser aus einem überlaufenden Faß fließen.
Wenn im Haus eine gute Atmosphäre herrscht, gibt es eine Menge Spaß unter den Frauen. So sitzen sie oft bis spät in der Nacht und klönen miteinander oder sie gehen gemeinsam aus und vergnügen sich. Verständlich ist das große Nachholbedürfnis nach Leichtigkeit und Vergnügen. Im Haus selbst veranstalten die Frauen ab und zu ein Fest, was immer ein ganz besonderes Ereignis im Frauenhausalltag darstellt und auch dazu dienen kann, Traditionen aus anderen Ländern kennenzulernen, denn oft sind ausländische Frauen im Haus.

Sabine: Wahrscheinlich wissen alle meine Bekannten von meinem Aufenthalt im Frauenhaus. Ich habe erfahren, daß mein Mann bei meiner Arbeitsstelle verbreitet hat, ich würde auf den Strich gehen. Ich habe mich aber vorher schon bei meinem Chef abgemeldet und er weiß, daß ich im Frauenhaus bin. Er hat mir meinen Jahresurlaub gegeben, bis alles vorbei ist.
Als mein Mann vorbeikam und ihm das Märchen vom Strich erzählte, mußte mein Chef nur lachen. Schließlich hat er meinem Mann den Zugang zur Firma verboten, weil er andauernd bei meinen Kollegen rumlauerte und herausbekommen wollte, wo ich bin. Sie haben aber alle zu mir gehalten, und keiner hat sich ihm gegenüber geäußert. Die

Firma steht zu mir, das weiß ich. Die finden das auch ganz gut, daß ich weggegangen bin: „Endlich hast du es kapiert.“ Sie wissen wohl, wie unsere Ehe in den letzten Jahren aussah. Auf den Firmenfeten und Betriebsversammlungen stand mein Mann immer hinter mir. Einmal sind wir während eines Betriebsausfluges nach Koblenz mit dem Schiff gefahren. Da war mein Mann auch dabei. Meine Kollegen kennen meinen Mann. Es ist schön zu wissen, daß die Kollegen dich verstehen und zu dir halten, auch das Gefühl, daß man gebraucht wird, im Betrieb.

Während meiner Ehe hatte ich auch Freundschaften, von denen mein Mann nichts wußte. Das sind alles Arbeitskollegen gewesen. Meine ganzen Freundschaften, die ich vor und während der Ehe hatte, sind alle kaputt gegangen. Er ist sehr eifersüchtig, und ich durfte nichts machen. Ich durfte mich nicht einmal neben einen Mann setzen, ohne daß er gleich wütend wurde. Trotzdem habe ich immer heimlich Freundschaften geschlossen.

Im Frauenhaus habe ich alle Freiheiten genossen, die ich so lange entbehren mußte.

Der beengte Wohnraum im Frauenhaus ist vielleicht die größte Umstellung von zu Hause, wo wir ein eigenes Haus hatten. Hier sind wir zwei Frauen und drei Kinder in einem Zimmer. Richtig alleine sein kann man fast nie. Es ist schwierig, aber man kann sich arrangieren. Es ist auf jeden Fall besser, als nach Hause zurückzugehen und sich schlagen zu lassen. Man muß zusammenhalten und kooperativ sein. Damit muß jede hier klar kommen. Wenn das eine Frau nicht kann, dann wird sie wahrscheinlich schnell, nach zwei, drei Tagen wieder weggehen. Hier im Haus sind schon mehr Frauen gewesen, die nach einem Tag bereits wieder abgehauen sind. Die Situation ist nicht einfach, aber da müssen wir schon durch, quasi als erster Schritt in die Unabhängigkeit.

Es gibt auch Frauen, die meinen, sie seien im Hotel. Sie wollen, daß sie ein eigenes Zimmer bekommen und möchten ständig im Mittelpunkt stehen. Alle sollen sich um sie kümmern, aber das geht nicht. Es sind noch andere Frauen im Haus, die betreut werden wollen, und nicht nur eine. Ja, und viele von denen gehen dann halt wieder.

Hier im Haus ist eine angenehme Atmosphäre. Die muß man sich allerdings auch schaffen. Dazu gehört viel Energie, weil manche Frauen sich abkapseln oder andere dich einengen und kontrollieren, das gibt es leider auch. Ich bin nicht so und kann das auch nicht gut haben. Man muß versuchen, die Frauen so zu respektieren, wie sie sind. Die Frauen hier haben alle das gleiche Leid, und es gibt immer eine, die sagt: „Komm, wir ziehen alle am selben Strang", dann geht das schon.

In diesem Haus sind die Mitarbeiterinnen nicht Tag und Nacht anwesend. Sie haben auch Außentermine und viel Bürokram, manchmal *huschen* sie nur durchs Haus.

In dem anderen Frauenhaus, in dem ich vorher wohnte, waren die Mitarbeiterinnen von morgens 8 Uhr bis abends 18 Uhr ansprechbar. Wenn irgendwo ein Problem auftauchte, dann waren sie halt da. Das ist hier nicht immer gegeben. Aber ich finde es besser so, wie es hier ist. In dem anderen Haus gab es eine viel größere Kontrolle. Oft ging es dabei um alltägliche Aufgaben, wie Putzen oder Waschen und andere solche Kleinigkeiten. Die Mitarbeiterinnen sind zwar nicht Tag und Nacht da, aber wenn sie da sind, kann man auch mit ihnen sprechen, sie hören einem zu, sind intensiv für einen da.

Ich finde es gut hier, es ist freier und lockerer, und es steht nicht immer eine hinter dir. Hier ist es optimal.

Wenn ich von Dingen sprechen soll, die hier nicht gut laufen, könnte ich auch eine lange Liste machen: Das Zimmer könnte beispielsweise größer sein, aber das sind Kleinigkeiten, und ich denke man muß sich mit der Situation arrangieren.

Mir fällt gerade eine Erfahrungen ein, die ich in einem anderen Frauenhaus gemacht habe: Wenn in einem Haus viele Frauen untergebracht sind, besteht die Gefahr der Gruppen- und Cliquenbildung. Hier in diesem Frauenhaus ist das eigentlich nicht so. In dem einen Haus, wo wir zwischen 15 und 20 Frauen waren, ist das passiert. Es kann also sein, daß eine Frau, die alleine ist, es nicht schafft in diese Gruppe zu kommen. Ich persönlich habe damit keine Schwierigkeiten, da ich ein Typ bin, der eigentlich mit allen klar kommt, relativ offen, kann anderen gut zuhören und sage meine Meinung.

Hier steht es deutlich auf dem Putzplan; ich habe heute keinen Dienst! Ich muß mit meinen Kindern zum Arzt und ich gehe jetzt!
Ich habe auch keinen Dienst und will nicht immer hier bleiben müssen. Nein!
Du hast aber keine Kinder und keinen dringenden Termin. Es ist total bescheuert, daß niemand seinen Dienst einhält und alle verschwunden sind, aber ich muß mit meiner Tochter zum Arzt! Kannst Du nicht noch eine Stunde hierbleiben? Dann sind wir wieder da.
Ich sehe es eigentlich nicht ein ständig darunter leiden zu müssen kein Kind zu haben. Du kannst aber nichts dafür, also okay. Aber bei der nächsten Hausversammlung ist es dran!
Unglaublich, die ist noch immer nicht da.
Das gibt Ärger...

Ich selber spreche eigentlich wenig über meine wirklichen Probleme. Ich behalte meine Gedanken eher für mich. Mit meiner Tochter spreche ich allerdings viel, wenn ich Probleme habe, wir sind ein richtiges Team geworden. Ich könnte auch mit den anderen Frauen reden, aber das möchte ich nicht. Die haben selbst genug Probleme, da kannst du nicht noch mit deinen eigenen kommen. Dazu bin ich nicht der Typ. Die Mitarbeiterinnen geben mir Ratschläge und Hilfestellungen. Richtig intensiv spreche ich auch nur mit einer Mitarbeiterin, wenn mir eine wirklich nahesteht. Viele Probleme hat man auch nach kurzer Zeit nicht mehr. Es bleiben nur die Amtsgänge zu erledigen.
Ich bin kein Problemmensch, ich stelle keine großen Ansprüche, und komme gut mit allen aus. Ich bin ein sehr fröhlicher Mensch. Lange Zeit habe ich das Gefühl unterdrückt, aber hier im Frauenhaus kommt die Fröhlichkeit langsam wieder heraus. Manchmal fühle ich mich so richtig befreit. Keiner, der dir sagt: „Das darfst du nicht, benimm dich mal, aus dem Alter bist du heraus…“ Ich kann anziehen, was ich will, kann rumlaufen, wie ich es will, selbst, wenn ich den ganzen Tag im Schlafanzug bleibe. Die anderen Frauen hier im Haus nehmen mich ernst. Wenn irgendetwas ist, werde ich immer gefragt: „Findest du das richtig, oder findest du das falsch..?“, ich motze auch schon mal, wenn zum Beispiel nicht gespült wurde. In diesen Dingen bin ich sehr direkt, ich mache das nicht von hinten, ich gehe direkt auf die Leute zu.

Miriana: Ich bin jetzt seit 10 Monaten im Frauenhaus. Ich bewohne mit meinen Kindern ein Zimmer. Es gibt auch ein Spielzimmer und ein Wohnzimmer, wo man beispielsweise fernsehen kann. Die Küche ist für alle Frauen da, aber jede Frau kocht für sich selbst.
Als ich ins Frauenhaus kam, konnte ich überhaupt noch kein Deutsch, was natürlich eine ganze Menge Probleme mit den anderen Frauen mit sich brachte. Meine Problemstellung war auch eine ganz andere: Die anderen Frauen, die hier im Haus leben, haben hauptsächlich Probleme mit ihren Ehemännern. Ihre Probleme sind ganz andere als meine. Sie wollten von ihren Ehemänner weg, wollten sich scheiden lassen. Mein Mann ist im Krieg und ich weiß nicht, ob er noch am

Leben ist. Ich habe keine Probleme mit ihm, nein, ich liebe ihn. Ich habe Probleme mit meinem Schwiegervater.
Die Frauen hier sind sehr nervös. Vielleicht sind sie durch die ewigen Streitigkeiten und die Gewalt bei sich Zuhause ein wenig anders, als andere Frauen, ich weiß es nicht.
Die Mitarbeiterinnen hier im Frauenhaus sind nett und helfen einem, wo sie nur können, egal woher eine Frau kommt und wer sie ist. Als ich hierher kam, noch kein Deutsch konnte und überhaupt nichts verstand, haben sie alles für mich erledigt. Jetzt habe ich ein bißchen Deutsch gelernt, und komme besser zurecht, auch mit den Frauen im Haus. Es ist leichter, wenn man miteinander sprechen kann. Die Frauen hier unterscheiden sich sehr von den Frauen in Bosnien. Sie sind selbständiger, und sie haben andere Ansichten. Die bosnischen Frauen sind sehr stark mit der Familie, dem Mann und dem Haus verbunden. In Deutschland haben die Frauen mehr Rechte, fast die gleichen, wie die Männer. Die Frauen, die hier ins Frauenhaus kommen, arbeiten nicht, sie sind nicht berufstätig. Sie sitzen hier und stricken. Ich habe mich mittlerweile daran gewöhnt, daß die Frauen kommen und gehen. Die meisten bleiben ein, zwei Monate, dann sind sie wieder weg. Und dann kommen neue. Es wäre schön, wenn ich wenigstens arbeiten könnte. Ich fühle mich hier ziemlich alleine. Ich habe keinen Kontakt zu anderen Frauen aus Bosnien, und hier in M habe ich niemanden kennengelernt. Ich halte mich hauptsächlich im Haus auf.
Als ich herkam, wohnten hier sehr viele Kinder. Oft ist es zu Streitigkeiten zwischen meinen und den anderen Kindern gekommen. Sie gerieten aneinander und schlugen sich. Ich konnte nicht dazwischen gehen, um zu intervenieren. Die ersten Monate war es wirklich sehr schwierig und fast unerträglich, und ich wollte oft zurück nach Bosnien, obwohl der Krieg dort wütet. Aber nach zwei, drei Monaten hatte ich mich an die Situation gewöhnt.
Meine Kinder gehen in den Kindergarten. Die Große seit sechs Monaten und meine Jüngere seit zwei Tagen. Die Kinder finden sich gut zurecht, auch sprachlich. Sie können sich ganz gut mit den anderen Kindern verständigen.

Christina: Alle Frauen, die im Frauenhaus wohnen, müssen sich wahrscheinlich ziemlich umstellen. Wenn eine ein Leben haben will, wie zu Hause, dann geht das nicht. Jede Frau hat ihr eigenes Fach im Kühlschrank und im Küchenschrank, wo sie ihre Lebensmittel aufbewahrt, ein Zimmer für sich und die Kinder und ein Schließfach für ihre Wertsachen, fertig. Mehr hat sie nicht, mehr bekommt sie nicht. Ansonsten ist es eigentlich wie zu Hause: Es gibt Tätigkeiten, die man regelmäßig verrichten muß, z.B. die ganz normale Hausarbeit. Auf der Hausversammlung erstellten wir einen Putzplan, jede Frau muß einen Bereich übernehmen: Badezimmer, Küche, Gemeinschaftsräume, Kinderzimmer... Monatlich werden die Bereiche gewechselt.
Morgens ist in der Regel Kinderprogramm für die Kleinen. Die Kinderfrauen nehmen dann sie zum Spielplatz oder einmal in der Woche zum Schwimmen oder zu anderen Aktivitäten mit. Während dieser Zeit konnte ich mein Zimmer und meinen Bereich putzen. Oder ich hatte Zeit, um zum Sozialamt oder zur Rechtsanwältin zu gehen, weil ich mich ja scheiden lassen wollte, oder ich habe die Zeit für ein Gespräch mit einer Mitarbeiterin genutzt. Danach habe ich gekocht. Die Kleinen kamen wieder. Es wurde gegessen und anschließend noch etwas in der Küche geredet. Nachmittags kamen dann noch mal die Kinderfrauen für die größeren Kinder, ab vier Jahre aufwärts.
Man muß sich halt arrangieren, mit dem Kochen zum Beispiel. Morgens hat es immer eine Drängelei in der Küche gegeben, wir mußten uns absprechen. Zuerst sind die Schulkinder an die Reihe gekommen. Das mußte reibungslos laufen. Man konnte sich nicht stundenlang in der Küche aufhalten, diskutieren, wer jetzt kochen durfte oder nicht. Wenn die Kinder aus der Schule kamen, dann hatten sie Hunger. Dann mußte das Essen fertig sein.
Mit den anderen Frauen habe ich mich gut verstanden. Wir haben gegenseitig unsere Erfahrungen ausgetauscht. Sie haben mir erzählt, was sie erlebt haben, und ich ihnen, was mir widerfahren war. Dieser Austausch war das Beste, was mir passieren konnte. Ich konnte von meinen Zweifeln erzählen, ob ich mich scheiden lassen sollte, oder ob ich erst mal getrennt von meinem Mann leben sollte,

genauso konnte ich über meine Schwierigkeiten mit den Kindern reden und mich austauschen.
Den Kindern fehlte der Vater, und sie hatten ein wenig Heimweh. Gerade Silke hing besonders an ihrem Vater und wollte bei ihm sein. Ich hatte oft Schwierigkeiten, weil sie nicht bei mir bleiben wollte. Meine Mitbewohnerinnen haben mir geholfen. Sie haben mich gestützt, auch seelisch, so daß ich mich wieder *aufrappeln* konnte. Das Leben im Frauenhaus war besser, als das bei meinem Mann. Es war wie in einer richtigen Wohngemeinschaft. Jede hat der anderen etwas anvertraut. Gut, es gab auch mal Streit, aber das konnte man in Gesprächen klären.
Wir hatten auch eine Menge Spaß im Frauenhaus. Wenn die Kinder abends im Bett waren, dann ging's so richtig los. Während der ersten Wochen im Frauenhaus, wollte ich nicht rausgehen. Dann kam S ins Haus und meinte, laß uns doch mal tanzen gehen. Immer hier rumhängen, das ist doch auch nichts. Und dann sind wir tanzen gegangen. Das hat so gut getan, daß wir danach öfter ausgingen. Um 22 Uhr abends fuhren wir los, als die Kinder schliefen und sind manchmal bis morgens 5 Uhr in der Diskothek gewesen, natürlich in Absprache mit anderen Frauen, die auf meine Kinder aufgepaßt haben. Einmal passierte es auch, daß meine Kinder morgens schon um 7 Uhr in der Küche saßen, und ich erst nach Hause kam... Wir sind aber nicht nur in Diskotheken gewesen, sondern auch oft im Kino.
Im Haus haben wir uns immer abgewechselt, wer nachts auf die Kinder aufpaßt: „Heute gehen wir beide raus, und ihr paßt auf die Kinder auf, und morgen bleiben wir hier", so lautete unsere interne Regel. Aber auch im Haus hatten wir manchmal richtig Spaß oder sind total albern gewesen. Einmal haben wir eine Ketchupschlacht gemacht. Wir hatten alles bis auf den BH und Slip ausgezogen, und dann ist es los gegangen, wir haben so richtig rumgesaut. Das war richtig spaßig. Sich mal so richtig auslassen, das tut manchmal wirklich gut.
Feste wie Weihnachen und Ostern haben wir gemeinsam gefeiert. Zum Beispiel stellten wir Weihnachten einen Baum ins Eßzimmer, den wir gemeinsam geschmückt haben. An Weihnachten selbst gehen

Machst Du gleich die Salatsoße? Die schmeckt immer so gut!
Ja, sicher. Kann ich machen.
Und ich bin schon auf die Pides gespannt!
Wieviel Ballons brauchen wir noch?
abends...
Und dann sah ich dieses...

viele Frauen zu ihren Familien, zu den Eltern, um mit ihnen gemeinsam zu feiern. Aber die Frauen, die im Haus bleiben, machen etwas zusammen, machen sich ein schönes Fest, wenn sie das möchten. Das erste Weihnachten, das ich mit meinen Kindern dort gefeiert hatte, war richtig schön. Wir hatten Hähnchen gegrillt, Punsch getrunken und gemütlich zusammengesessen. Das war ganz toll. Die Feste werden genauso gefeiert, wie in der Familie.
Einige Frauen feiern auch alleine. Ich habe das auch einmal gemacht. Zu der Zeit war eine Frau im Haus, die schrie die ganze Zeit ihre Kinder an. Es fing morgens schon an, und ging bis abends so weiter. Ich habe dann zu meinen Kindern gesagt, daß wir in unseren Zimmer feiern. Ich hatte einen kleinen Christbaum geschenkt bekommen, den hatte ich uns ins Zimmer gestellt. Hatte mir Lichter gekauft und Weihnachtsschmuck gebastelt. Und dann haben wir für uns oben Weihnachten gefeiert, mit einem Bäumchen, das mit Lichtern und Selbstgebasteltem geschmückt war, und den Geschenken, die darunter verteilt waren. Wir hatten Weihnachtsmusik angemacht. Jeder hatte einen Weihnachtsteller. Das war richtig gemütlich.
Die beiden anderen Frauen, die noch im Haus waren, hatten unten zusammen mit ihren Kindern gefeiert.

Bedrohung

Es kommt vor, daß Frauen auch im Frauenhaus bedroht werden, nicht nur von Ehemännern oder Bekannten, sondern auch von fremden Personen, die sich einen Spaß *erlauben wollen, wie sie oft selber behaupten, oder einfach destruktiv das stören wollen, was sie selbst nicht verstehen.*

Christina: Am selben Abend, an dem wir soviel Spaß hatten, ist aber noch was Negatives passiert. Wir hatten gerade geduscht und alles wieder saubergemacht, da gab es einen Bombenalarm. Das Telefon klingelte. Eine von uns nahm ab, sagte die Telefonnummer, so melden wir uns im Frauenhaus immer, und fragte, wer da sei. Die Stimme antwortete: „Es ist jetzt viertel vor zwei, um halb vier geht die Bombe hoch!“

Wir haben alle geweckt, die bereits geschlafen hatten. Die meisten glaubten uns nicht, „ach, hör doch auf, erzähl keinen Mist". Einige fingen an zu weinen. Wir standen auf, zogen die Kinder an, riefen die Polizei an, die dann auch sofort kam. Während eine andere Frau und ich auf die Polizei warteten, war der Rest mit den Kindern im Bulli ins Kinderhaus gefahren. In dem Raum, der sonst zum spielen genutzt wurde, haben wir noch Betten aufgebaut und Schlafplätze organisiert. Die Kinder sind trotz der Aufregung auch schnell wieder eingeschlafen. Als die Polizei kam, schlossen wir das Haus von außen ab, und weckten noch die ältere Frau aus dem Nachbarhaus, so daß sie zu ihrer Tochter gehen konnte.
Wir fuhren dann auch zum Kinderhaus und warteten, was wohl passieren würde. Um sieben Uhr morgens riefen wir die Polizei an, um zu erfahren, was weiter geschehen sollte, sie sagten uns, es sei nichts passiert, wir könnten um acht Uhr wieder ins Haus. Das war wirklich ein Schreck damals.
Ein anderes Mal wurden wir durch einen Anrufer belästigt, der nicht wieder auflegte, so daß keine von uns mehr telefonieren konnte. Es war gerade die Zeit um Pfingsten. An Feiertagen und in den Ferien gibt es besonders viel Krach in den Familien, was bedeutet, daß viele Frauen um Unterschlupf bitten. Durch diesen Anrufer also, konnten wir keinen Notruf mehr empfangen. Mit einer Fangschaltung, die wir einbauen ließen, haben wir ihn erwischt, und er hat eine schwere Strafe aufgebrummt bekommen.

Veränderungen der Frauen im Frauenhaus

Christina: Wenn ich diese Zeit mal mit Abstand betrachte, muß ich sagen, die Frauen, die eine Zeitlang im Frauenhaus gewohnt haben, verändern sich enorm. Wenn sie das erste Mal ins Haus kommen, sind die meisten Frauen natürlich am Boden zerstört. Mit der Hilfe der Mitbewohnerinnen, rappeln sie sich wieder auf. Sie beginnen ihr Leben zu leben, wie sie das für richtig halten.
Manchmal kommt einem auch der Gedanke: Immer hier im Haus bleiben zu müssen, das ist auch blöd. Ich finde keine Wohnung, ich fühle mich nicht frei, ich gehe wieder zurück. Es gibt Momente, in

denen dir alles auf die Nerven geht. Du suchst verzweifelt nach einer Wohnung und findest keine. Genauso geht es mit der Arbeit, aussichtslos einen Job zu finden. Die Kinder gehen dir auf die Nerven. In diesen Situationen gehen dann einige doch wieder zu ihrem Mann zurück. Nach ungefähr vier, fünf, sechs Wochen sind die meisten wieder hier, wenn es noch einen freien Platz im Haus gibt, wenn nicht gehen sie in ein anderes Frauenhaus. Das zweite Mal sind sie aber nicht mehr so fertig, wie beim ersten Mal. Sie kommen mit einem lachenden und einem weinenden Auge wieder. Sie sind froh, daß sie es noch einmal geschafft haben. Aber sie wissen auch, daß es jetzt schwerer für sie wird. Sie kennen die ganzen Probleme, die auf sie zukommen werden, wie die Wohnungs- und Arbeitsuche… alles dauert natürlich seine Zeit. Eine Frau ohne Kinder, findet sicherlich schneller eine Wohnung, als eine mit zwei oder drei Kindern. Die meisten der Frauen, die zum zweiten Mal ins Frauenhaus gekommen sind, bleiben da. Einige wenige gehen auch nach dem zweiten Mal noch einmal zurück. Vielleicht klappt es ja diesmal. Oft haben sie dann mit ihrem Mann gesprochen, der ihnen das Blaue vom Himmel versprochen hat: „Ja, ich liebe dich noch, ich verändere mich, ich bessere mich, laß es uns noch mal wegen der Kinder versuchen. Meinen Kindern!" Dann kann es passieren, daß einige Frauen noch mal zurückgehen. Aber das muß jede Frau für sich selbst entscheiden.
Ich hatte zu Beginn meiner Frauenhauszeit auch einmal das Gefühl, ich müßte wegen den Kindern noch mal zurück. Ich hatte gemerkt, daß ich wieder schwanger war. Da habe ich gedacht: Jetzt bist du wieder schwanger, und dann stehst du da, das vierte Kind, du hast ein kleines Zimmer im Haus. Aber entfalten kannst du dich da auch nicht. Ach du gehst wieder zurück. Vielleicht klappt es ja jetzt. Viele Frauen machen diesen Fehler, den ich gemacht habe. Ich bin bei mir Zuhause vorbeigegangen, ich wollte vorbeischauen, sehen, wie es ist und noch ein paar Sachen holen, die fehlten, und als ich die Flasche Korn gesehen hatte, war mir klar, daß das nicht hinhauen würde.
Ich habe mich dann entschlossen abzutreiben, weil ich nicht wußte, was kommen würde, welche Wohnung ich finden würde… Die Abtreibung ging eigentlich ganz glatt von der Bühne. Ich habe mich

hinterher nicht schuldig gefühlt. Auch jetzt bin ich froh, daß ich es gemacht habe. Man kann mit Kindern keine Ehe kitten.

Kinderarbeit

Die Arbeit mit den Kindern ist in den meisten autonomen Frauenhäusern ein von den Frauen und Müttern getrennter Arbeitsbereich. Die Mitarbeiterinnen erläutern im folgenden ihre Arbeit mit den Kindern und Jugendlichen im Haus, aber auch die entstehenden Konflikte zwischen der Frauen- und der Kinderarbeit.
Die Intensität und zeitliche Anforderungen der Kinderarbeit richtet sich auch nach der Anzahl der zur Zeit im Frauenhaus wohnenden Kinder. Während in dem einen Frauenhaus, wo zur Zeit des Gesprächs nur wenige Kinder und Jugendliche wohnten, die Kinderarbeit auf drei Tage in der Woche beschränkt war, fand im zweiten Haus des Vereins eine tägliche Kinderarbeit, sowohl vormittags für die Kleinkinder, als auch nachmittag für die 'Großen' statt.

Margot: Die Kinderarbeit sieht eigentlich so aus, daß wir dreimal in der Woche etwas mit den Kindern unternehmen. Ein Ziel ist es, dadurch die Mutter zu entlasten, so daß sie während dieser Stunden Zeit für sich hat. Für die Kinder ist es eine Chance, auch mal unabhängig von der Mutter etwas unternehmen, ein bißchen Spaß zu haben und eventuell ganz andere Lebenserfahrungen zu sammeln.
Konzeptionell haben wir den Anspruch, mit den Kindern zu den von ihren gemachten Erfahrungen zu arbeiten, was sich oft als sehr schwierig herausstellt, weil die Kinder viel mehr Zeit bräuchten, um Vertrauen zu fassen. Die Kinder wissen oft gar nicht, was los ist, warum sie hier sind und wie es weitergeht. Es ist für sie eine völlig unsichere Situation.
In der Kinderarbeit versuchen wir es zu leisten, den Kindern einen sicheren Freiraum zu schaffen. Das wichtigste ist, ihnen eine gewisse Kontinuität zu bieten, d.h. für sie regelmäßig dazusein.

Christa: Mein großes Problem bei der Kinderarbeit ist mehr theoretischer Art. Ich bin immer mehr in den Konflikt geraten: Mutter

oder Kind – wer ist wichtiger? Ganz deutlich ist zu sehen, daß die Frau Zeit für sich braucht, und es ist sicherlich nicht der geeignete Augenblick, mit ihr darüber zu reden, wieviel sie in der Kindererziehung ändern muß, um auch dem Kind und dessen Erfahrungen gerecht zu werden.
Auf der anderen Seite ist da das Kind, das Schutz benötigt, und vielleicht sogar für einige Zeit aus dem Einflußbereich der Mutter herauskommen muß, je nach Problemlage.
Als Mitarbeiterin stellt sich mir die Frage: Wofür entscheide ich mich jetzt? Beides gleichzeitig geht nicht. Oft habe ich das Gefühl, ich stehe eher auf der Seite der Frau, als auf der des Kindes. Ich denke oft: Erst muß die Frau wieder glücklich werden, bevor sie auch dem Kind wieder Liebe geben kann. Wenn ich vielleicht mehr in die Frau dränge und sage: „Mach mal, tu mal, du kannst doch nicht…“, passiert es vielleicht, daß sie zu ihrem Mann zurückgeht und schließlich sind wir ja auch nicht das Jugendamt.
Von unserem Konzept her, hat die Frau hier eine Unterkunftsmöglichkeit, um von ihrem Mann wegzukommen. Dann intervenieren wir auch unter Umständen bei der Kindererziehung. Es muß nicht gleichzeitig passieren. Aber die Kinder müssen versorgt werden und brauchen emotionale Zuwendung. Sie hinterlassen Freunde, müssen einen Schulwechsel mitmachen…

Elke: In unserem Arbeitskonzept haben wir zwei völlig getrennte Bereiche entwickelt: der Kinder- und der Frauenbereich, den wir sogar auch eine Zeit räumlich getrennt hatten, indem wir ein Kinderhaus angemietet hatten. In unserem anderen Haus, existiert auch heute noch ein Kinderhaus. Die Arbeit mit den Kindern ist eine parteiliche Arbeit für die Kinder, die sich tatsächlich auch punktuell gegen die Mutter richten kann, auch wenn wir die Mütter bei allen Entscheidungen einbeziehen. Ansonsten würden wir die Kinder auch in unnötige Konfliktsituationen bringen.
Die Arbeit mit den Müttern sehen wir als parteiliche Arbeit für die Frauen, die nicht immer mit den Interessen der Kinder übereinstimmt. Deshalb muß in der Arbeit eine Trennung stattfinden. Im Moment mischt sich das ein bißchen, weil wir in diesem Haus nicht diese

räumliche Trennung haben, und personell einige Schwierigkeiten da sind, wir sind einfach zu wenige Mitarbeiterinnen.
Die Motivation, die Gründe der Kinder im Frauenhaus zu sein, sind ganz andere, als die der Frauen. Entweder kommen sie mit, weil die Mutter gegangen ist oder sie haben selbst Gewalterfahrungen gemacht.

Margot: Wenn eine Frau mit Kindern ins Haus kommt, machen wir je nach Alter natürlich keine gesonderten Aufnahmegespräche mit den Kindern, sondern die verschiedenen Aspekte und Problembereiche kommen in der täglichen Arbeit zum Vorschein. Je nachdem, welche Probleme wir erkennen, gehen wir spezifisch auf die Kinder ein. Wenn zum Beispiel eine Mißbrauchsituation vorliegt, schauen wir, ob wir ein Hilfsangebot außerhalb des Hauses in Anspruch nehmen können, wie zum Beispiel eine Beratungs- oder Therapiestelle.
Diese Maßnahmen werden mit den Müttern besprochen. Oft sind sie froh, daß sie bei diesen Problemen der Kinder ein wenig entlastet werden, und jemand anderes sie und ihre Kinder ernst nimmt. Besonders bei Mißbraucherfahrungen merkten wir oft, daß sie damit nicht alleine klarkommen. Es ist ja auch schwierig, da sie noch wenig oder überhaupt keine Distanz zu der Situation haben. Aber es passierte auch, daß sie den Mißbrauch runterspielen, nicht wahrnehmen wollen, Schuldgefühle oder Angst vor der Auseinandersetzung haben.

Ingrid: Das hat sicherlich auch was mit ihren eigenen Erfahrungen zu tun, inwieweit sie diese Problematik überhaupt wahrnehmen können, weil sehr häufig ihre eigenen Erfahrungen nicht verarbeitet sind und bisher auch kein Raum dafür existierte und diese Erfahrungen ganz tief in ihnen schlummern. Solange die Frauen nicht bereit sind, an ihrer Geschichte zu arbeiten, können sie auch kaum die Geschichte ihrer Kinder wahrnehmen. Und das sind die Momente, in denen die Arbeit mit den Frauen und die mit den Kinder einfach getrennt werden muß.
Aber es passiert selten, daß eine Mutter sich offen dagegen ausspricht… Indirekt ist es aber schon vorgekommen, dadurch daß sie die Kinder wieder zum Vater geschickt hat, aber das hatte wiederum andere Gründe. Aber diese Gefahr müssen wir einbeziehen. Was

passiert, wenn das Kind Vertrauen gefaßt hat, wir Außenkontakte aufgebaut haben und dann durch den Rückgang der Mutter wieder alle fein gesponnenen Fäden reißen. Wird dieses Kind noch einmal jemandem vertrauen?

Christa: Ich denke auch oft, wir beurteilen in festgefahrenen Denkstrukturen, wie eine Mutter zu sein hat, wie sie mit ihrem Kind umzugehen hat, es umsorgt, es beschützt, anstatt es zu schlagen. Das sind unsere Stereotypen, von denen wir nur ganz schlecht loskommen. Warum sollen die Mütter anders sein, als Tausende von anderen Frauen, die kolossal überfordert sind?

Ingrid: Wir haben schon wochenlang über unsere Konflikte mit einer Frau in der Supervision gesprochen, welche Grenzen wir ihr setzen müssen. Für mich ist es immer sehr wichtig die Frau und ihren Mut zu respektieren, es ist ein großer Schritt, ins Frauenhaus zu gehen, dadurch mit allen Konventionen zu brechen und sich für ihre Umwelt zu enttarnen. In wievielen Familien wird der äußere Anschein aufrecht erhalten.

Elke: Es gibt ja auch im Team oft Konflikte, welche Mitarbeiterin mit welcher Frau, und wer mit den Kindern arbeitet. In diesen Diskussionen werden die verschiedensten Positionen deutlich, nicht nur zwischen Kind und Mutter, sondern auch zwischen uns.

Marta: Vollkommene Einigkeit im gesamten Team zu erreichen, ist natürlich schwierig, aber letztendlich wird jeder Entschluß nach außen hin gemeinsam getragen. Da muß jede mal über ihren eigenen Schatten springen.

Die Kinder und Jugendlichen im Haus sind auf der einen Seite oft froh, der gewalttätigen Situation entflohen zu sein, auf der anderen Seite kommen sie an einen für sie unbekannten Ort, den sie erst einmal für sich füllen müssen und sie haben oft absolut keine Entscheidungsgewalt über das, was mit ihnen und in der Zukunft passiert.

Sie werden von einem auf den anderen Tag fast brutal aus ihrer alten Umgebung, ihren Beziehungen herausgerissen, müssen sich nun auf unbestimmte Zeit auf neue Bindungen und Beziehungen, auf die Schule und Änderung der Lebensumstände einlassen. In den meisten Fällen haben die Kinder und Jugendlichen nicht einmal mehr die Zeit, für sie persönlich wichtige Sachen einzupacken und mitzunehmen.

Angelika (Martinas Tochter, 14 Jahre):
Hier im Frauenhaus fühle ich mich einigermaßen sicher. Ich habe ein gutes Gefühl dabei, hier zu sein, und ich bin froh darüber, von meinem Papa weg zu sein. Meine Schwester Anke fühlt sich hier nicht so wohl, hat sie gesagt, weil ihr Verhältnis zu Mama nicht so gut ist. Sie sagt, sie wolle weg von hier. Sie kommt jetzt in eine Wohngruppe, wo sie selbständig für sich alleine ist; ja, da hat sie mit der Mama nichts mehr zu tun. Sie kann die Mama wohl besuchen gehen, oder die Mama kann sie nach Hause holen. Es ist also kein Heim. Anke hat sich selbst dazu entschlossen. T hatte mich schon gefragt, ob ich auch weg wolle. Aber ich will hier bei meiner Mutter bleiben. Meine Schwester zieht mich da voll mit rein. Sie möchte auch am Liebsten, daß ich von Mama weggehe, das möchte ich aber nicht, schon deshalb nicht, weil ich mit Ellen befreundet bin und in ihrer Nähe bleiben möchte.
Das Wohnen hier im Frauenhaus finde ich besser als zu Hause. Es ist zwar nicht optimal, aber Hauptsache ist, ich bin von meinem Stiefvater weg.
Von den Mitarbeiterinnen habe ich am meisten Kontakt zu Margot, die im Moment die Kinderfrau ist. Sie macht mit uns Großen das Kinderprogramm. Einmal in der Woche gehen wir schwimmen, sonst können wir uns aussuchen, was wir machen wollen. Wir sind oft in die Stadt gefahren, auch ins Jugendzentrum, um dort Billard zu spielen. Zweimal war ich mit Margot auf dem Motorrad unterwegs. Das war auch schön. Ein anderes Mal sind wir Eis essen gegangen. Dann waren wir mal im Zoo und auch im Naturkundemuseum.
Was ich im Frauenhaus nicht so gut finde ist, daß die Frauen sich immer gleich gegenseitig anbrüllen, wenn die Küche z.B. nicht

geputzt wurde, oder daß hinter dem Rücken über andere geredet wird.
Ich mußte die Schule wechseln, als ich hierher kam. Die Schule hier gefällt mir absolut nicht. Die Jungen beschimpfen mich, auch die Mädchen, mit häßlichen Ausdrücken. Der Lehrer ist auch gehässig. Der schreit und brüllt, wenn er so extrem laut wird, erinnert mich das immer an meinen Vater. Auf der anderen Schule, auf der ich vorher gewesen bin, da brauchte man nur zu sagen, ich kann das nicht haben, wenn einer rumbrüllt, dann wurde das auch akzeptiert.

Ellen (Sabines Tochter, 12 Jahre):
Es gefällt mir eigentlich ganz gut hier. Ich habe mich mit Angelika angefreundet. Früher hatte ich nie richtige Freundschaften. Ich bin ein Einzelkind, und mir war immer langweilig. Ich mußte mich immer mit mir selbst beschäftigen. Immer vor dem Computer zu sitzen, ist auch nicht gerade spannend. Ich finde es gut hier, hier gibt es Leute, mit denen man reden kann.
Von Zuhause, wo ich vorher gewohnt habe, vermisse ich ein bißchen Ivonne, meine Freundin, meinen Hund und mein Fahrrad, sonst eigentlich nichts.
In der Schule in der ich war, konnten mich die anderen nicht ausstehen. Es ist ganz gut, daß ich weg bin und die Schule gewechselt habe. Es interessiert mich nicht die Bohne, was die jetzt von mir denken. Hier in der Schule ist es langweilig, aber im großen und ganzen ist es besser, als in meiner alten Schule.
Ich habe drei Leuten in der Schule gesagt, daß ich im Frauenhaus wohne, von denen ich sicher sein kann, daß sie mich nicht verraten werden, denn ich kenne auch einige von ihren Geheimnissen.
Nach der Schule bin ich hier im Frauenhaus viel mit Angelika zusammen. Wir machen ziemlich viel Blödsinn. Wenn das Wetter schön ist, gehen wir auf den Spielplatz, setzen uns auf die Schaukel und quatschen oder gehen zur Schule und spielen Fußball. Ab und zu gehen wir auch über den Friedhof, denn das ist eine Abkürzung. Und nachts im Spielzimmer erzählen wir uns Gruselgeschichten. Angelika sagt dann immer: „Hör auf, sonst bekomme ich Angst, vor allem vor Vampiren.“

Ja und dann machen wir noch das Kinderprogramm mit.
Mit den Frauen, die hier wohnen, versuche ich, mich mit allen gut zu stellen. Ich mag das nicht, wenn ich streite, darum versuche ich, mit allen auszukommen. Ich habe fast nie Streit, außer wenn jemand ungerecht ist, dann schnauze ich schon mal zurück.
Die Mitarbeiterinnen kann ich gut leiden, aber erzählen würde ich ihnen nicht so viel, weil sie das nichts angeht; Probleme mache ich mit mir selber klar. Mit meiner Mutter könnte ich reden, tue ich aber nicht. Die hat schon genug Probleme.
Daß meine Mutter noch ein Kind bekommt, finde ich ganz toll. Dann habe ich wenigstens einen, mit dem ich spielen kann. Ich ärgere sie zwar manchmal, indem ich sage, ich würde nicht mit ihm spielen, aber das ist hinterher sowieso anders, und sie weiß das auch.
Einiges hier im Frauenhaus finde ich nicht so gut, zum Beispiel der Dreck überall. In der Küche sieht es oft aus wie in einem Saustall. Auch im Kinderzimmer. Wir haben schon so oft sauber gemacht und aufgeräumt, aber es nützt nichts.

Für die Mütter ist das Kinderprogramm eine große Entlastung. Sie haben dadurch die Möglichkeit sich mehr auf ihre Situation zu konzentrieren. Bei vielen Schwierigkeiten mit den Kindern helfen die Mitarbeiterinnen.
Einige Frauen, die aus dem Haus ausgezogen sind, wie Christina, helfen oft noch aktiv beim Kinderprogramm oder bei der Organisation von Kinderfesten mit.

Christina: Für meine Kinder war das Kinderprogramm wichtig. Es fand oft im Kinderhaus statt, wo es eine kleine Küche, einen Garten und eine ganze Menge Spielsachen gibt. Die Kinder wohnen da zwar nicht, können aber in diesen Räumen, während des Kinderprogramms vom Frauenhausalltag abschalten. Sie können dort spielen, basteln und alles mögliche veranstalten, all das, was Kindern so gefällt. Für die Kinder wird viel gemacht.

Die Kinder bekommen so die schwierige Situation der Mutter und die Umstellung gar nicht mit. Sie werden abgelenkt, und die Frauen können ihre Dinge erledigen, zum Rechtsanwalt gehen oder zum Sozialamt. Nach dem Kinderprogramm kommen sie froh nach Hause, und können erzählen, was sie erlebt haben...
Wenn die Mitarbeiterinnen Raum haben und genug Geld vorhanden ist, machen wir für die Kinder auch Feste an Geburtstagen, Karneval..., einmal im Jahr organisieren wir ein großes öffentliches Kinderfest. Bei diesem werden viele verschiedene Mitmachspiele angeboten, wie Dosenwerfen, Wettlauf, Geschicklichkeitsspiele, Stelzenlaufen... Die Kinder können große Bilder malen. Eine Frau schminkt den Kindern die Gesichter... Meist gibt es noch ein Kinder- oder Animationstheater. Auf dem letzen Fest hatten wir eine Clownsfrau und einen Zauberer, die je eine Aufführung hatten. Den Kindern hat das gut gefallen. Da auch viele Leute aus dem Dorf mit ihren Kindern kommen, dient das Fest auch der Kontaktaufnahme zum Frauenhaus. Nach den Aufführungen gibt es noch Kaffee und Kuchen, oder herzhafte Salate zum Essen.
Das ist ein ziemlicher Organisationsaufwand und da helfe ich gerne gemeinsam mit anderen Ehemaligen mit.

Kreativtherapie

Eine Kreativtherapiegruppe in einem Frauenhaus ist nicht die Regel, sondern eher die Ausnahme.
In dem von mir besuchtem Haus, entstand sie aus der Motivation, die Frauen bei der Aufarbeitung ihrer Erfahrungen und vor allem bei der Zukunftsorientierung zu begleiten. Meist besuchen die Frauen die Gruppe, die nicht mehr im Frauenhaus wohnen – also schon einen Schritt weiter gegangen sind.
Die Kreativtherapiegruppe bietet allen Teilnehmerinnen die Chance, in die Auseinandersetzung mit sich selbst zu treten. Die Auseinandersetzung findet hier bewußt in nonverbaler Form statt, da Erfahrungen oft nicht über Sprache verarbeitet und schon gar nicht vermittelt werden können; oft lassen sich Gefühl oder Erfahrungen sprachlich nicht artikulieren.

Ingrid: Die Frauen in der Gruppe arbeiten themenzentriert, das heißt, die Frauen bekommen Gruppen- bzw. im späteren Verlauf auch Einzelthemen und wählen das Material für ihre Arbeiten und Ausdrucksformen nach eigener Vorliebe. Der Materialpool sollte möglichst vielfältig sein: Steine, Holz, Ton, Leinwände, Farben, Naturmaterialien aber auch Gegenstände vom Schrottplatz, Hausmüll... können nützlich sein, gerade auch der Umgang mit nicht so leicht zu bearbeitenden Materialien ist bereits ein wichtiger Lernprozeß. Das fertige Produkt dient dann als Medium, um mit der ganzen Gruppe ins Gespräch zu kommen. Dies ist eine mögliche Form, um Klarheit über die eigene Situation zu erlangen und neue Perspektiven zu erarbeiten. Die eigene Sicht kann sich dabei durch die Anregungen der anderen erweitern. Was sehen beispielsweise die anderen Teilnehmerinnen für Wege aus der Situation... Zentral dabei ist, daß kein Produkt, keine Arbeit ohne die Anwesenheit und Aussage der Frau interpretiert wird, die das Produkt gestaltet hat.
Das Arbeiten an Produkten, z.B. mit Stein, Ton oder Holz... ist bereits eine erster Schritt in Richtung Problemabarbeiung bzw. Problembewältigung, durch das konkrete Handeln und das erforderliche Durchhaltevermögen, werden erste Hürden genommen, in dem Sinne: „ich kann Dinge verwirklichen, wenn ich meine Kraft und Energie auf das Wesentliche konzentriere, nicht zu schnell aufgebe und verschiedene Variationen ausprobiere..."
Die Kunst- und Kreativtherapie basiert auf pädagogischer Arbeit mit sozialwissenschaftlicher Ausrichtung, also beinhaltet sie alle Komponenten, die gerade für die Arbeit im Frauenhaus wichtig sind.
Neben der Aufarbeitung der gemachten Gewalterfahrung ist die Einbindung der biographisch-lebensgeschichtlichen Zusammenhänge unerläßlich. Es muß also die gesellschaftliche Erwartungshaltung, die die einzelne in ihrem Denken und Verhalten verinnerlicht hat, genau gesehen werden, wie kulturelle Ausprägungen von Gruppen in ethnischer oder sozialer Hinsicht als auch biographische Besonderheiten, sowohl im Bereich der bewußten als auch der unbewußten Entwicklung. Neben der Aufarbeitung der jüngsten Vergangenheit, sind diese oben genannten Punkte wichtige Reflexionsebenen.

Zudem ist es ist wesentlich, daß der Fluß, die Bewegung, dargestellt wird. Es heißt also nicht: *Hier ist mein Leben und das endet hier*, sondern die Betonung liegt auf dem Gehen und Wandeln, das sich Fortbewegen, genauso wie das Arbeiten in der Ichform, so daß die Frauen auch wahrnehmen, sie sind die Subjekte, in den Produkten, die sie herstellen; sie sind diejenigen, die entscheiden was jetzt und morgen geschieht.

Ein nicht zu anspruchsvolles und damit einfaches Einstiegsthema (sowohl inhaltlich als auch bezüglich der Umsetzungstechnik) für eine Frau, die neu in die Gruppe kommt, ist zum Beispiel eine Biografiecollage, als kurze Vorstellung gedacht, die aber gleichzeitig oft schon wichtige Auseinandersetzungspunkte markiert. Ein anderes Einstiegsthema könnte *Wer bin ich?,* lauten. Ein Thema welches schon ein wenig mehr eigene Schwerpunktsetzung ermöglicht, oder: *Wo stehe ich*, wobei die Feststellung: *Ich stehe heute hier!,* keinen Endpunkt beschreibt, sondern im Gegenteil einen Entwicklungspunkt, denn ich kann mich weg bewegen, neue Schritte gehen…

Ein andres Thema hat bei vielen Frauen große Resonanz gefunden. *Was habe ich früher gemacht und was mache ich heute nicht mehr.* Der Schwerpunkt bei diesem Thema liegt darin, zu erkennen, was im Leben der Frauen verloren gegangen ist, und warum dies geschehen ist, vielleicht auch durch die Beziehung zu einem Mann, was hat sie von sich vergessen oder was wurde verschüttet. Auf der anderen Seite befaßt sich das Thema auch mit der Frage: *Was mache ich eigentlich noch gerne, und wie kann ich es realisieren und auch in der Zukunft für mich beibehalten.*

In einer anderen Fragestellung setzen sich die Frauen mit ihrem Wunschdenken z.B. nach einer *Rama-Familie* oder sonstigen durch die Werbung vorgegaukelten Traumfamilien auseinander, also weg von der pseudo Familienidylle, hin zur Realität.

Was bewirkt und was verändert die Kunsttherapie bei den Frauen? Wird ein Entwicklungsprozeß bei ihnen eingeleitet, und wenn ja, welcher?

Ingrid: Es ist natürlich schwierig von ganz deutlich erkennbaren und konkreten Veränderungen zu sprechen. Eine Veränderung bezieht sich mit Sicherheit auf das Durchhaltevermögen in schwierigen Situationen. Dies kann man vielleicht so erklären, daß sie die Frauen an einem Produkt abarbeiten, also selbst nach Lösungsprozessen suchen. Sie lernen dadurch auch mit Konflikten oder konfliktreichen Situationen umzugehen. Vielleicht wollen sich die Frauen auch gar nicht verändern sondern selbstbewußt ihre Persönlichkeit verteidigen…

Ein wichtiger Teil der Arbeit ist die Objektivierung. Damit ist gemeint, von dem eigenen Produkt wegzutreten, es sich anzuschauen, neben sich zu stellen und so wieder in eine Beziehung zu ihm zu treten.

Es ist nicht der Sinn der Sache das Produkt von mir abzuspalten, sondern vorübergehend wegzustellen, es als Gesamtheit zu betrachten und sich dabei nicht in Details zu verlieren, einen gewissen Abstand zu erlangen.

Dies ist eine Form, in der die Frauen, man könnte sagen, in einen Dialog mit sich selbst treten. Sie sehen, welchen Standpunkt sie in bestimmten Situationen einnehmen, und ob sie sich schnell mit einem Ergebnis zufrieden geben, welche Kompromisse sie eingehen, oder ob sie vielleicht noch nach neuen Lösungsmöglichkeiten suchen.

Durch die Betachtung ihrer Arbeit kann deutlich der Umgang mit anderen Situationen gespiegelt werden.

Ab und zu passiert es, daß die Frauen beim Besprechen ihres Produktes behaupten, z.B. die Farben oder das Material wären rein zufällig gewählt, „dazu habe ich mir überhaupt keine Gedanken gemacht“, ist eine häufige Aussage. Es gibt aber im eigenen Handeln keine Zufälle, weder das Material, das ich wähle, noch die Art wie ich an die Arbeit herangehe. Jede Handlung, jede Kreativität wird von uns gelenkt und spiegelt unsere innere Verfassung wieder, bewußt oder unbewußt. Für viele Frauen ist es ein wichtiger Prozeß, sich selbst in den Dingen, die sie machen, ernst zu nehmen.

Wie die Objekte und Farben wahrgenommen werden, ist folglich sehr unterschiedlich und kann nicht unabhängig von der jeweiligen Produzentin gesehen werden.

Zwar wird schwarz häufig als düstere Farbe empfunden, andere haben aber auch eine Vorliebe für schwarz. Es kommt besonders auf die eigene Interpretation der Frau an: „Ich habe das jetzt schwarz gemacht, weil schwarz für mich dies oder jenes bedeutet."

Die Gruppenbesprechung ist zur Perspektivenerweiterung gedacht. Die Gruppenmitglieder lernen sich intensiv kennen und geben sich gegenseitig Anregungen, unterstützen sich dabei, die eigene Sichtweise und die der anderen Frauen erneut zu reflektieren. Dabei lernen sie, eine Situation von vielen Standpunkten aus zu betrachten.

Bei der Herstellung der Produkte soll die Gestaltung nicht durch ein künstlerischen Überanspruch dominiert werden, die Frauen entwickeln einen eigenen Anspruch im Laufe eines Prozesses, in dem die Frauen nach Perfektion in ihren Arbeiten streben: Sie geben sich nicht mehr so schnell mit ersten erzielten Ergebnissen zufrieden, eine Konfliktbewältigung beginnt.

Als Anreiz dazu kann die Ausstellung ihrer Produkte dienen. Auch der Besuch anderer Ausstellungen ist hilfreich.

Diese Besuche sind sowohl bewußtseinserweiternd, als auch raumschaffend. Frauen sind sehr oft stark auf den Innenbereich des Hauses konzentriert. Deshalb ist es wichtig, aus diesem Raum zu treten und Interesse auch nach außen hin zu entwickeln.

Es kostet eine Menge an Mut, die eigenen Sachen einem Publikum zu zeigen. Dabei kann es hilfreich sein, daß die Werke anonym bleiben, und keine der Frauen verpflichtet ist, etwas zu ihren Bildern zu erzählen, sondern alle aus der Gruppe die Bilder und Objekte erklären können.

Zukunftsperspektiven

Nach einer längeren oder auch kürzeren Aufenthaltsdauer – je nach Bedürfnislage – können die Frauen sich vorstellen, sich wieder ein eigenständiges Leben aufzubauen. Die ersten Schwierigkeiten zeigen sich schnell bei der Wohnungssuche, so daß viele Frauen längere Zeit im Haus bleiben müssen, als sie vorhatten, was nicht immer nur von Nachteil ist, denn die Erfahrungen die sie im Zusammenleben mit anderen Frauen sammeln, stärkt sie in ihrem Selbstwertgefühl.

Sabine: Ich möchte eine kleine Wohnung für mich, für Ellen und das Kleine, das ich noch hier im Bauch habe.
Vielleicht werde ich auch wieder einen Freund haben, aber ich werde nicht mit ihm zusammenleben. Ich möchte für mich bleiben. Ich möchte niemanden mehr, der an mir herumnörgelt, der sagt, was ich zu tun oder zu lassen habe.
Wenn ich die Scheidung hinter mir habe, möchte ich auch wieder arbeiten gehen. Ich möchte nicht mehr von einem Mann abhängig sein, sondern ein ganz normales Leben führen, wie andere auch, vor allen Dingen ohne Angst. Dies ist der wichtigste Aspekt in meinem zukünftigen Leben – ein Leben ohne Angst! Der Scheidungstermin ist in ungefähr sechs Monaten. Wahrscheinlich schieben wir ihn noch ein paar Wochen hinaus, weil sonst das Kind dazwischen kommt.
Von unseren gemeinsamen Sachen will ich nichts haben, außer Ellens Sachen. Ich will nichts haben, was mich an ihn erinnert. Ich würde auch nicht gerne in dem Haus wohnen, weil ich dann damit rechnen müßte, daß er jeden Tag vor der Tür steht. Dafür kenne ich ihn zu gut. Jeden Tag würde er mich verfolgen, mich anrufen, und wenn ein anderer Mann im Haus wäre, wäre das eine Katastrophe.
Ich glaube ich könnte meinem Mann noch nicht wieder gegenübertreten. Ich möchte es nicht. Die Angst steckt mir noch in den Knochen. Er hat mich so geschlagen, daß ich fast im Rollstuhl gelandet wäre. Begegnen möchte ich ihm jetzt noch nicht. Ich möchte die Scheidung durchziehen und meine Ruhe haben, mehr Ansprüche stelle ich nicht. Das ist das, was ich will, und das schaffe ich auch. Den Namen werde ich auch sofort nach der Scheidung ändern, positive Gefühle habe ich keine mehr..

Martina: Ich bleibe im Frauenhaus bis ich alles hinter mir habe, den Prozeß und die Scheidung. Das läuft alles über meine Anwältin und dauert natürlich noch einige Monate.
Wenn ich alles hinter mir habe, kann ich eine Kur beantragen, sagt mein Arzt. Ich denke, daß ich dann auch wieder richtig fit sein werde, auch Angelika.
Darüber hinaus weiß ich eigentlich noch nicht so genau wie meine Zukunft aussieht. Ich werde mir eine Wohnung suchen, und dann

fange ich noch einmal von vorne an. Ich werde das auch schaffen, ich muß.
Ich hatte mir auch schon einmal überlegt, mit einer Frau hier aus dem Haus zusammenzuziehen, aber R hat einen Freund, die zieht vielleicht zu ihm. S hat auch einen Freund, ich weiß nicht, ob sie zu ihm zieht. Miriana geht zurück nach Bosnien, das hat sie mir gesagt. Sie bleibt nicht in Deutschland. Da muß ich mir wohl mit Angelika alleine eine Wohnung suchen.

Christa: Ich bin jetzt schon einige Zeit, dreieinhalb Jahre, aus dem Frauenhaus ausgezogen. Den Entschluß, nicht mehr zu meinem Mann zurückzugehen, hatte ich ziemlich schnell gefaßt, aber nach der Episode, die ich erzählt habe, war es für mich klar: Da gehst du nicht wieder hin. Und dann hat es noch 18 Monate gedauert, bis ich eine Wohnung gefunden habe. Am Ende habe ich die Wohnung mit Hilfe von Lügen bekommen. Ich habe erzählt, ich würde in einer Wohngemeinschaft leben und von meinem Mann Unterhalt bekommen. Damit könnte ich die Wohnung finanzieren.
Anfangs habe ich immer gesagt, daß ich im Frauenhaus wohne. Die Vermieter sagten sofort: „Nein, die Wohnung ist schon vermietet", oder sie haben andere Ausreden gefunden, Hauptsache, ich habe die Wohnung nicht bekommen. Ich habe mich für viele Wohnungen beworben. Später sagten mir die Frauen im Frauenhaus: „Sag, du wärst in einer Wohngemeinschaft, das klappt besser, weil Frauenhaus für viele zu ungewöhnlich ist, und oft als Schande empfunden wird." Die Bezeichnung Wohngemeinschaft war ja nicht ganz falsch. So hat es dann auch geklappt.
Anfangs habe ich zum Glück nicht alleine gewohnt. Als ich auszog, waren wir gerade dabei, das alte Frauenhaus zu renovieren. Ich habe dann eine Frau für drei Wochen bei mir aufgenommen. Sie wußte nicht wohin, und ich habe nicht ganz so alleine gelebt. Der Abschied vom Frauenhaus war nicht mehr so schmerzhaft, wie das vielleicht anders gewesen wäre. Andererseits war es auf einmal ziemlich ruhig, die gewohnten Geräusche waren nicht mehr da: kein Geschrei von den Kindern oder den Frauen.

Ich habe auch jetzt noch viel Kontakt zum Frauenhaus. Als ich ins Frauenhaus kam, kamen öfter ehemalige Bewohnerinnen aus dem Frauenhaus zu Besuch, die mir Tips und Hilfestellungen gegeben haben. Das wollte ich auch bei den Frauen, die jetzt im Frauenhaus leben, so machen. Ich helfe zum Beispiel beim Ausräumen der Wohnung, beim Umzug, wenn eine Frau eine Wohnung gefunden hat, oder ich fahre mit, wenn eine Frau Angst hat, zu sich nach Hause zu gehen, um Sachen zu holen, oder ich gebe auch Tips, was sie machen können, wenn der Alte immer anruft.
Zu meinem Mann haben eigentlich nur noch meine beiden Mädchen Kontakt. Der Junge nicht. Schließlich war er erst 13 Monate, als wir abgehauen sind, der kennt das gar nicht, eine Vater-Kind-Beziehung. Und ich lasse ihn auch, wenn er nicht will, und die Mädchen gehen auch gerne hin. Sie kommen freudig von ihm zurück, aber sobald ich merke, daß bei ihm wieder Alkohol im Spiel ist, dann ist sofort Schluß, dann ist es vorbei.
Im Moment ist er vom Alkohol runter. Er hat zwar die Entziehungskur abgebrochen, aber mit den Anonymen Alkoholiker hat er es geschafft, bis jetzt jedenfalls. Ich weiß nicht, wie lange es noch hält. Er zahlt jetzt auch Unterhalt. Aber sobald irgendwelche Probleme auftauchen, greift er auf die Flasche zurück.
Ich habe ihm gesagt: „Du kannst die beiden Mädchen sehen, wenn sie möchten, aber sobald du wieder anfängst zu trinken, ist es vorbei, dann ist es für immer vorbei."
Die größte Schwierigkeiten, die ich damit hatte, waren mit Silke, das ist die zweite. Die hing sehr an ihrem Vater. Ich konnte da gar nicht viel machen, die Älteste hat ihr über die Trennung hinweggeholfen. Sie hat gesagt: „Du weißt doch genau, der Papa hat immer Alkohol getrunken, hat die Mama geschlagen, und deswegen gehen wir nicht mehr hin." Immer, wenn Silke von ihren Vater sprach, hat sie ihr das immer wieder gesagt. Aber sie liebt ihn immer noch sehr. Das ist bis heute geblieben, das bleibt vermutlich immer so.
Ich bin froh, daß ich im Frauenhaus war. Dort lernt man, auf eigenen Füßen zu stehen und mit allen Situationen fertig zu werden. Und wenn man irgendwelche Schwierigkeiten hat, kann man auch später noch, nach dem Auszug ins Haus gehen, und sagen: „Hört mal zu,

Leute, so und so ist das, was kann ich am Besten machen?“ Und dann helfen sie dir. Es ist nicht so, daß, wenn du aus dem Frauenhaus raus bist, die dann nichts mehr mit dir zu tun haben wollen. Nein das ist nicht so.
Meine Beziehung zu Männern? Ich suche immer noch. Ich suche einen Mann, der nicht darauf besteht, daß ich zu ihm komme, der auch mal Rücksicht auf mich nimmt, auch wegen der Kinder. Ich kann nicht immer rausgehen. Zum Beispiel zum Tanzen, oder mal Essen gehen, oder ins Kino, das fällt sowieso weg. Ich suche einen, der auch dafür Verständnis hat, der mit Kindern gut umgehen kann, der nicht bei den kleinsten Schwierigkeiten sagt: „Hier, Schluß, ich gehe.“ Einen solchen Mann könnte ich mir als Partner vorstellen.
Finanzielle Selbständigkeit habe ich noch immer nicht erreicht. Die Kinder sind einfach noch zu klein. Ich mache ab und zu kleine Nebenjobs, ich helfe einer Freundin beim Putzen, weil sie berufstätig ist, oder helfe in einem Geschäft bei der Inventur. So kleinere Arbeiten, die ich gut morgens machen kann. Richtig ins Berufsleben kann ich erst, wenn der Kleine, der ist jetzt fünf, wenn der so acht, neun Jahre alt ist. Früher geht es bestimmt nicht.
Zum Abschluß möchte ich noch etwas sagen: Ich kann Frauen, die in Not sind, nur raten, ins Frauenhaus zu gehen. Das ist die beste Möglichkeit, ihr Leben wieder in den Griff zu bekommen... Ich hätte auch zu meiner Mutter oder zu meinem Onkel gehen können. Aber die hätten meinen Mann angerufen, und gesagt: „Deine Frau ist hier, komm mal vorbei, dann reden wir mal über eure Probleme und was so anliegt.“ Das nützt alles nichts. Du wirst eingeengt und beeinflußt. Die sagen zu dir: „Versucht es noch einmal“, dann gehst du mit, und nach ein paar Wochen fängt alles wieder von vorne an.

Begegnung mit Sabine und Martina nach fünf Monaten

Sabine und Martina leben zur Zeit noch im Frauenhaus. Martina hat gerade ihren ersten Prozeß mit ihrem Mann hinter sich, Sabine wartet auf einen Scheidungstermin. Als wir uns begegnen, ist sie gerade aus dem Krankenhaus gekommen, wo sie einen gesunden Jungen geboren hat.
Beide hoffen bald eine eigene Wohnung zu finden, um dann aus dem Frauenhaus ausziehen zu können.

Martina: Wir hatten eine Ladung vor Gericht erhalten, Angelika und ich. Der Prozeß ging zum Teil um den sexuellen Mißbrauch, den Angelikas Stiefvater an ihr verübt hat. Margot, die Kinderfrau, war auch mit, da Angelika ziemlich aufgeregt war.
Wir sind dann noch bis zur Urteilsverkündung geblieben. Mein Mann hat sechs Monate Gefängnis, drei Jahre auf Bewährung und 1.000 DM Geldstrafe bekommen. Alle haben gesagt, es wäre zu wenig, niemand war damit einverstanden gewesen, aber ich bin nicht in die Berufung gegangen. Ich bin erst einmal froh, daß es vorbei ist.
Vor diesem Prozeß hatte mein Mann wieder Briefe bei meiner Rechtsanwältin hinterlegt. Einen für mich und einen für Angelika. Ich habe gesagt, ich will sein Gesülze gar nicht lesen. Das regt mich nur wieder auf, und ich habe Angst davor, daß ich das Gefühl bekomme, wieder zu ihm zurückgehen zu müssen, und das will ich auf gar keinen Fall.
Der große Prozeß mit meinem Mann wird im Mai oder Juni stattfinden. Dieser erste war noch harmlos dagegen, der war noch zu verkraften. Bei dem großen Prozeß kommen auch T, Elke und Margot mit, und Angelika und ich werden da sein.
Ich finde gut, wenn T mitkommt, vor dem hat mein Mann ein bißchen Respekt. Auf der anderen Seite habe ich auch ein wenig Angst, daß er auf ihn losgehen wird und ihm was antut, weil er mich hier ins Frauenhaus gebracht hat. Auch habe ich ziemliche Angst davor, ihm gegenüber zu stehen.

Ich kann sagen, daß ich in den letzten Monaten, in der Zeit hier im Frauenhaus, härter geworden bin. Ich lasse mir nicht mehr alles gefallen, auch verbal kann ich mich besser verteidigen und durchsetzen. Wenn irgendetwas im Haus anliegt, wenn irgendwelche Sachen nicht funktionieren, dann spreche ich das offen an, lasse es raus. Ich bin konsequenter geworden, das hat mir meine Freundin auch schon gesagt.

Ich denke, das kommt durch die Situation und das Zusammenleben mit den anderen Frauen, die sich ja auch nichts gefallen lassen, und das bekommt man mit. Anfangs war ich ganz still, ich habe nie etwas gesagt. Ich habe lange mit Elke darüber gesprochen, und sie sagte mir: „Wenn irgendetwas ist, mußt du das sagen und mit den Frauen darüber sprechen, dann ist die Sache zu klären." Und so mache ich das jetzt auch.

Es tut mir gut, Kritik zu formulieren. Seit ich nicht mehr bei meinem Mann bin, habe ich auch nicht mehr so viel Angst. Ein bißchen Angst bleibt zwar immer, aber sie ist nicht mehr so stark.

Einige haben mir auch schon gesagt: „Mensch, Martina, du bist ganz schön hart geworden, du läßt dir nichts mehr gefallen." Ich finde das gut. Auch Angelika läßt sich nichts mehr gefallen.

Eine Wohnung zu finden ist recht schwierig. Ich suche jetzt fast täglich. Auf eine Anzeige hin rufe ich an, und einige sagen, sie hätten was, und wenn ich mir dann am Wochenende die Wohnung anschaue, sagen sie: „Ich spreche mit meinem Vater, das wird schon gehen. Kommen Sie mal dann und dann wieder."

Später geben sie dir eine Absage, nur weil du Sozialhilfe bekommst, lehnen dich alle ab. – Ich mußte ihnen auf ihre Frage hin natürlich sagen, daß ich von Sozialhilfe lebe. Sie haben Angst, daß sie später ihre Miete nicht bekommen, falls das Sozialamt nicht mehr zahlt. Ich habe einen Antrag beim Wohnungsamt auf eine Sozialwohnung gestellt, aber dort sagen sie nur, daß sie Bescheid geben, sobald sie etwas für mich hätten. Das ist alles, ist das einzige, was sie sagen können.

Nach dem Frauenhaus möchte ich schon ganz gerne hier in der Umgebung bleiben. Ich denke, mit meinen geringen finanziellen Möglichkeiten muß ich eine Sozialwohnung suchen, das geht nicht anders.

Ich möchte auch gerne wieder arbeiten. Nur zu Hause rumsitzen und alleine grübeln, das halte ich nicht aus. Na ja, wenn ich eine Wohnung finde, habe ich erst mal ein bißchen zu tun, aber dann?
Wenn ich den ganzen Tag alleine bin, dann werde ich wahnsinnig. Und deswegen muß ich auch unter Menschen, muß mich mit ihnen unterhalten können. Wenn ich hier ausziehe, werde ich auch nie wieder darüber reden.
Ich habe jetzt einen neuen Freund kennengelernt, und so ganz langsam fange ich an, ihm ein wenig zu erzählen, von meinem Mann und von dem, was passiert ist. Er sagt, wenn du das nicht willst, brauchst du nichts zu erzählen. Er weiß auch, daß ich hier wohne.
Mit ihm zusammenziehen werde ich auf keinen Fall. Das mache ich nicht noch mal. Ich bleibe erst einmal mit Angelika alleine, und wenn ich dieses Jahr hinter mir habe, dann fahre ich mit ihr in den Urlaub. Wir beide möchten gerne nach Spanien fahren. Raus aus Deutschland, mal weg von hier.
Nach O kann ich nicht mehr zurück, solange mein Mann dort noch wohnt. Angelika möchte das zwar gerne, wegen ihrer Freunde und der Schule, aber das geht nicht. Wenn er weiß, daß wir da sind, dann sucht er uns, bis er uns gefunden hat. Das geht nicht.
Wenn ich mir die ganze Frauenhauszeit rückblickend anschaue, würde ich sagen: Die ersten Monate waren ganz schön schwer, aber auch schön. Irgendwie ist es auch schön, hier zu sein. Ich bin froh, daß ich diesen Weg gegangen bin, mit den Kindern. Es wäre doch immer schlimmer geworden, er hätte uns noch weiter entwürdigt. Wahrscheinlich hätten sie mir die Kinder dann noch weggenommen und ich hätte allein dagestanden. T hatte mir das schon gesagt. Wenn ich diesen Weg nicht gegangen wäre, dann hätte er mir nie wieder geholfen – wenn ich an dem Tag nicht zum Treffpunkt gekommen wäre. Ja, ich habe jetzt erkannt, daß er Recht hatte.
Elke hat mir vorgeschlagen, in der Beratungsstelle *Frauen helfen Frauen* einige Gespräche zu führen. Ich habe zugesagt und war jetzt das zweite Mal dort. Es läuft ganz gut. Wir sprechen über alles Mögliche, über das was mit Angelika passiert ist und über mich.

Sabine: Nachdem ich das Sorgerecht für Ellen erhalten habe, habe ich wieder einen begrenzten Kontakt zu meinem Mann aufgebaut. Nicht, daß ich wieder zu ihm ziehen will, oder so.
Die Scheidung ist fest eingeplant, ich will das in gegenseitigem Einverständnis regeln, wie man sagt, eben in einer sehr vernünftigen und sachlichen Art und Weise, ohne daß wir uns öffentlich streiten. Ich glaube, daß wird wohl funktionieren. Er hat sich in den letzten Monaten total verändert. Ich kenne ihn gar nicht mehr wieder. Er geht viel mehr auf mich ein. Er hofft wahrscheinlich, daß ich zu ihm zurückkomme. Da hat er sich aber geschnitten. Ich gehe nicht zu ihm zurück. Er weiß auch, daß das Kind nicht von ihm ist. Ich habe das Kind vor einer Woche geboren, meinen Sohn, er ist mein ganzer Stolz. Er weiß es und versucht trotzdem noch, daß wir wieder zusammenkommen, aber die Scheidung, werde ich durchziehen, da kann er machen, was er will, ich laß mich nicht davon abbringen.
Die letzte Zeit war es im Frauenhaus ein bißchen stressig, seitdem M mit ihren sieben Kindern hier angekommen ist. Das Haus wird immer enger durch die vielen Frauen und Kinder. Es gibt nichts Privates und keine Ruhe mehr. Die ruhige Phase, die wir am Anfang hatten, gibt es nicht mehr. Aber ich fühle mich auch nach acht Monaten noch ganz wohl.
Sobald es geht, gehe ich nach H zurück. Ich habe dort eine kleine Wohnung gefunden und möchte versuchen, dort meinen eigenen Lebensstil zu führen. In dieser Wohnung werde ich mit Ellen wohnen und mit dem Baby. Arbeiten werde ich erst wieder nach einem Jahr, wenn der Kleine ein bißchen größer ist, und ich einen Babysitter habe, auf den ich mich verlassen kann.
Ich gehe mit gemischten Gefühlen wieder zurück nach H. Auf der einen Seite kann ich da meinen Freund jeden Tag sehen und nicht nur einmal die Woche, auf der anderen Seite… ich weiß nicht, wenn es mir nicht mehr gefallen sollte, bin ich da dann ganz schnell wieder weg. Ich mache das jetzt nur wegen dem Kleinen. Wenn ich auf die letzten Monate hier im Frauenhaus zurückblicke, denke ich, ich werde auf jeden Fall die Freundschaften vermissen, die ich hier aufgebaut habe, die aufzugeben, ist sehr schwer. Ich will versuchen sie zu erhalten. Ob es mit der Mitarbeiterin Elke ist, oder mit sonst wem.

Den engen Kontakt, den man hier mit den Leuten hatte, kann man gar nicht beschreiben. Auch wenn sie nur stundenweise hier sind, aber sie waren immer da, wenn ich sie brauchte. Und das ist sehr, sehr wichtig. Genauso wichtig sind die Freundschaften zu den Frauen, die hier wohnen, das Zusammenhalten. Es zählt ungemein, daß man sagen kann, okay, das ist eine wirkliche Freundin, auf die kann ich mich verlassen. Es ist sehr wichtig im Frauenhaus, daß man Freundschaften bilden kann, man baut sich dadurch selber wieder richtig auf, selbst wenn man total zerstört hier angekommen ist. Das ist das Positive.
In dieser Zeit im Frauenhaus, bin ich richtig selbstbewußt geworden. Ich könnte heute vor meinen Mann treten, ohne daß ich vor ihm Angst haben müßte.
Als du das letzte Mal hier warst – vor 5 Monaten –, hatte ich noch richtig Panik davor, meinem Mann gegenüberzutreten. Ich bin weggelaufen, wenn ich ihn gesehen habe, hatte so ein Kribbeln im Bauch. Die Angstgefühle waren sofort wieder da. Heute ist das nicht mehr der Fall. Ich habe gemerkt, was ich machen kann, daß er mal unten ist. Was der kann, kann ich schon lange!

TEIL II
Frauenhäuser in Italien

Die italienische Frauenhausbewegung

Um die Entstehung der Frauenhäuser in Italien in ihrem Kontext zu verstehen, muß man einen kleinen Einblick in die jüngere Geschichte der dortigen Frauenbewegung werfen.

Die neue Frauenbewegung hat ihren Ursprung, wie in den meisten westeuropäischen Ländern, Ende der 60er, Anfang der 70er Jahre in der Arbeiter- und Studentenbewegung. In Italien fanden ihre Forderungen sofort großen Zuspruch unter den Frauen. Gemeinsam gingen sie auf die Barrikaden, um für ihre Rechte und für strukturelle Veränderungen zu kämpfen. Sie stießen dabei auf harte Widersacher. Die tiefen Wurzeln der patriarchalisch-katholischen Gesellschaftsordnung lassen sich nicht so leicht ausheben. Die Präsenz des Vatikans im Staat festigte diese Ordnung, und die Frauenbewegung hatte schwerlich daran zu knacken, diese Strukturen auch nur anzukratzen. Alte, zum Teil noch aus dem Faschismus stammende Gesetze bestimmten das soziale Zusammen- und Arbeitsleben der Frauen.

Bereits 1968/69 bildeten sich in verschiedenen Zentren Frauengruppen, die sich unabhängig von Männern und außerhalb traditioneller politischer Organisationen formierten. Sie bildeten autonome Gruppen der außerparlamentarischen Opposition. In Italien waren militante Feministinnen sowohl in autonomen Frauengruppen, als auch gemeinsam mit Männern organisiert.

In den siebziger Jahren entstanden in den Universitäts- und Großstädten Frauengruppen mit unterschiedlichsten Zielsetzungen. Allen gleich war allerdings die Forderung, daß die Frau endlich einen eigenständigen Platz in der Gesellschaft einnehmen und Teil eines historischen Prozesses werden sollte.

Als bekannteste Gruppe sei hier die jahrelang populärste Gruppe der Frauenbewegung und Herausgeberin der Zeitschrift *Effe*, die *MLD Movimento per la liberazione della donna* (Bewegung zur Befreiung der Frau) genannt. Die MLD ist keine reine Frauengruppe, an ihrer Gründung waren AnhängerInnen und Abgeordnete – Männer und Frauen – der Radikalen Partei beteiligt. Eine ihrer Hauptforderungen

war *aborto libero, gratuito e assistito!* (Freie, kostenlose Abtreibung unter medizinischer Aufsicht!)
Nach langen und heftigen Kämpfen, auch unter Mithilfe der Radikalen Partei, wurde zu Gunsten der Frauen entschieden. Heute ist es möglich, ohne Beratungsprozedur eine ungewollte Schwangerschaft legal abzubrechen. Doch die Gewalt an Frauen, die im ehemaligen Strafgesetzbuch noch nicht einmal als Straftat vorgesehen war, brauchte mehr als einen 18 Jahre währenden Kampf der Frauenbewegung und „Diskussionen und Debatten" im Parlament, um im Mai 1996 in einem Gesetz verankert zu werden, das die Gewalt gegen Frauen als Straftat behandelt.
Seit den 70er und 80er Jahren kämpfte eine starke feministische Bewegung in Italien um ein solches Gesetz gegen sexuelle Gewalttaten. Der Hauptpunkt war die Änderung des Paragraphen, der die Gewalttat zwar als ein 'öffentliches Problem' beschrieb, aber nicht die Gewalt gegen Frauen aals Straftat verfolgte.
Die Frauenbewegung spaltete sich an der Frage des Gesetzes, denn viele Frauengruppen, waren davon überzeugt, daß ein Gesetz nie wirklich die Frauen vertreten würde, denn jedes Gesetz geht durch männlich dominierte Institutionen, die nur zu Kompromissen zu Lasten der Frauen bereit sein würden, die wirklichen Anliegen der Frau blieben dabei auf der Strecke – so die Argumentation. Das Gesetz würde auch nur für diejenigen Frauen gelten, die den Mut aufbringen würden, eine Anzeige zu erstatten, davon würde aber vermutlich, wenn überhaupt, nur bei sexuellen Gewalttaten, wie einer Vergewaltigung außerhalb der Ehe, Gebrauch gemacht werden. Die vielen Frauen, die in der Familie Mißhandlungen erfahren, würden aus dem Kompetenzbereich dieses Gesetzes fallen.
Nach zwanzig Jahren ist also dieses Gesetz zur Gewalt gegen Frauen 1996 parlamentarisch verabschiedet worden. Man könnte es als einen Kompromiß der rechten und linken Parteien bezeichnen, denn die Frauen aller Parteien haben an diesem neuen Gesetzesentwurf mitgearbeitet. Dennoch ist die Ausgestaltung dieses Gesetzes für viele Frauen aus der Frauenbewegung nicht so, wie sie es sich gewünscht hätten.

Viele weitere Kämpfe sind noch lange nicht ausgefochten, wie zum Beispiel in der Arbeitswelt: gleiche Bezahlung für gleiche Arbeit ist nur teilweise realisiert.
Die Mehrheit der Frauen, die sich in den 70er Jahren stark engagiert hatten, verwechselten die Emanzipation, also die Entwicklung zu einem neuen Bewußtsein und zu einer feministischen Identität, mit dem Bedürfnis nach Karriere und Anerkennung im Berufsleben. Dadurch forcierte sich die Doppel- und Dreifachbelastung der Frau, wie sie auch in anderen Ländern bekannt ist: Beruf, Hausarbeit, Kinder. Will sie sozial als emanzipierte Frau anerkannt sein, muß sie sich im Beruf bewähren. Anders als in nordeuropäischen Ländern, wo mit der Emanzipation der Frauen, ihrer Suche nach einer neuen weiblichen Identität und den damit auftauchenden neuen Bedürfnissen, eine Neuorientierung der Familienstruktur einherging, nimmt diese Entwicklung in Italien sehr viel mehr Zeit in Anspruch. Die meisten Männer, sowie die männerdominierten staatlichen Organe sind noch nicht bereit, Frauen Zugeständnisse zu machen. Die meisten Männer und staatlichen Institutionen stützen sich nach wie vor auf die biologische Verschiedenheit der Geschlechter, woraus sie als natürliche Folge die soziale Ungleichheit der Frau ableiten und ihr keine öffentlichen Aufgaben zugestehen, sie vielmehr auf das Dasein einer Kreatur reduzieren, die im Dienste des Mannes und seiner Kinder steht. Natürlich sind die Männer nicht bereit, sich zur häuslichen Entlastung der Frauen, an Hausarbeiten zu beteiligen... Jedoch besteht seit Anfang der 80er Jahre eine starke Interaktion zwischen der autonomen Frauenbewegung, den Parteien und linken Institutionen, so daß immer mehr feministisches Gedankengut durchdringen kann und so hoffentlich konkrete Veränderungen einen einfacheren Weg durch die Instanzen haben.

Relativ spät, in den 80er Jahren entstand die Frauenhausbewegung, die von aktiven Feministinnen aus der autonomen Bewegung voran getrieben wurde. Sie zielt auf eine Bekämpfung der Gewalt an Frauen ab und tritt für konkrete Hilfsangebote ein. Hauptsächlich sollen Freiräume geschaffen werden, in denen sich Frauen frei und unabhängig vom Männern und ihre weiblichen Stärken entwickeln

können. Es soll also nicht hauptsächlich individuelle Hilfe im karitativen Sinne geleistet werden, sondern es besteht ein politischer emanzipatorischer Anspruch. Die Kraft aus einer Gewaltbeziehung auszusteigen, kann eine Frau nur erlangen, wenn sie politische und private Beziehungen zu anderen Frauen eingeht. Die Frauen, die Gewalt erfahren haben, sind nicht Opfer der Situation, sondern befinden sich in einer momentan schwierigen Situation. Die Annahme der „Opferrolle" impliziert automatisch die Passivität der Frau. Die Initiatorinnen der Frauenhausbewegung glaubten statt dessen an die vielfältigen Möglichkeiten der Frauen aus der Gewaltsituationen auszusteigen.
Konkrete Projekte sollen den Einflußbereich in politischen und gesellschaftlichen Bereichen vergrößern. Schwerpunkt der Arbeit waren und sind die Beziehungen untereinander: Frauen im Verein, Frauen und Mitarbeiterinnen und Frauen im Projekt mit den Institutionen; denn nur wenn die Beziehungen untereinander stark und sich gegenseitig respektierend sind, entsteht ein verbindlicher Pakt, der die männerdominierte Kultur verändern kann.
In den Anfangsjahren der insgesamt relativ jungen Bewegung gründeten sich in Italien die ersten Vereine und Beratungsstellen, die zunächst vorwiegend als Rechtsberatungen fungierten. Meist waren sie der damals kommunistischen Partei (PCI) angeschlossen. Heute gibt es in ganz Italien sechsundsechzig vorwiegend autonome Vereine mit insgesamt sieben Frauenhäusern. Fast alle bieten ein Nottelefon an, viele auch eine Frauenberatungsstelle.
Jeder Verein hat zwischen zehn und fünfzig Vereinsfrauen, die sich in den verschiedenen feministischen Bereichen, sowie in der Öffentlichkeits- und Präventionsarbeit meistens ehrenamtlich engagieren. Die Räumlichkeiten, Telefon und Initiativen werden bei allen Zentren von öffentlichen Institutionen bezahlt, aber in nur drei von den insgesamt sieben Frauenhäusern haben die Mitarbeiterinnen reguläre Arbeitsverträge. Dies hat verschiedene Gründe: Sicherlich sehen viele Gemeinden noch nicht die Notwendigkeit dieser Projekte und tun sich schwer mit einer Finanzierung. Jedoch sind in einigen Frauenhäusern die Mitarbeiterinnen davon überzeugt, daß durch eine finanzielle Abhängigkeit zur Stadt die Gefahr bestünde, daß die Arbeit

zu reiner Sozialarbeit degradiert werden könnte und so ihren politischen Anspruch verlieren würde. In anderen Häusern wiederum vergibt man die Arbeit als Teilzeitjobs, um so einer eventuellen Routine vorzubeugen. Auch hier soll die politische Motivation im Vordergrund bleiben. Die drei gut finanzierten Häuser in Bologna, Parma und Meran sind autonom in ihrer Arbeit, und werden ohne politische Einschränkungen von der Stadt, bzw. dem Kreis finanziert. Jedoch kommen auch diese Häuser nicht ohne ehrenamtliche Arbeitsstellen zurecht.

Die Frauenzentren arbeiten autonom und bestimmen selbständig die Struktur und Arbeitsweise ihrer Projekte. Im allgemeinen werden die Frauen bei ihrer Arbeit nach ihren Fähigkeiten eingesetzt. Das Prinzip „alle Frauen sind gleich" ist für viele Gruppen nicht stimmig. Die Unterschiedlichkeit der Frauen soll nicht bekämpft werden, um alle „gleich zu machen", sondern die individuellen Stärken der einzelnen Frauen sollen gefördert werden. Es geht dabei also nicht so sehr darum, ob es Hierarchien gibt oder nicht, sondern ob die Unterschiede in Macht, Verantwortung, Fähigkeiten... auch offen benannt werden. In den meisten Gruppen gibt es eine organisierte Arbeitsteilung und Referentinnen, bzw. Verantwortliche für bestimmte Bereiche, aber alle wichtigen Entscheidungen werden gemeinsam in den Versammlungen beschlossen. Dennoch bleibt die Frage der Macht ein zentraler Auseinandersetzungspunkt.

Die sechsundsechzig Frauenzentren in Italien haben sich zu einem nationalen Netz zusammengeschlossen. Dies garantiert den hilfesuchenden Frauen eine ortsübergreifende Hilfe in ihrer Situation. Die meisten Probleme, mit denen sich Frauen an eines der Zentren wenden, sind: Gewalt und Mißhandlungen vom Partner, sexuelle Gewalterfahrungen und Gewaltübergriffe von Seiten der Eltern, Zwangsprostitution und Gewalt am Arbeitsplatz.

Braucht eine Frau für einige Zeit eine geheime Wohnmöglichkeit, wird sie an eines der sieben existierenden Frauenhäuser vermittelt.

Die Zentren bieten darüber hinaus zahlreiche andere frauenspezifische Projekte an, darunter Aus- und Fortbildungsseminare, themenspezifische Gruppenarbeit, Arbeitsuche und -vermittlung, Frauenforschung und -dokumentation und Organisation von kulturellen

Initiativen. Im Gegensatz zu den autonomen frauenemanzipatiorisch orientierten Zentren stehen die kirchlichen und karitativen Einrichtungen. Dort werden die Frauen auf den Opferstatus reduziert und in die Opferrolle der „armen geschlagenen Frauen“ gedrängt. Das Bestreben dieser Einrichtungen ist es – wie auch in Deutschland – die Frau wieder in ihre Familie zurückzuführen. Leider müssen aus Mangel an Unterkunftsplätzen in den autonomen Häusern einige Frauen in diese Einrichtungen weitervermittelt werden.
Auch versucht die italienische autonome Frauenhausbewegung massiv, ihre Forderungen in die Institutionen zu transportieren, eine Zusammenarbeit zu forcieren und eine größere Sensibilisierung bei allen Stellen, die sich mit Gewalt gegen Frauen beschäftigen, zu erreichen. In den letzten Jahren ist viel erreicht worden, dennoch sind einige Bereiche nicht oder nur ungenügend abgedeckt. Es fehlen organisierte Zentren und geheime Wohnstätten, Zentren für sexuellen Mißbrauch und feministischer Mädchenarbeit, Medienarbeit und feministische Arbeit zur Gewalt, die Zusammenarbeit mit den Institutionen, wie die Polizei, Gerichte und Sozialamt, und natürlich fehlt noch immer eine geeignete Finanzierungspolitik.

Anders als in den meisten europäischen Ländern, in denen Frauenhäuser schon seit mehr als 15 Jahren existieren, sind Frauenhäuser in Italien immer noch eine spärliche Ausnahme, was sicherlich primär kulturelle Hintergründe hat. Die Familie besitzt in Italien einen unumstößlichen Status, ihr Funktionieren muß nach außen felsenfest dokumentiert sein, so daß Konflikte häufig vertuscht werden. Bis Ende der 80er Jahrarbeiteten in den verschiedensten Städten lediglich Beratungsstellen, in denen sich Anwältinnen und Psychologinnen zusammenfanden, um den Frauen hauptsächlich Rechtsberatung zu ermöglichen, darüber hinaus fehlten aber fast gänzlich geeignete Strukturen, den Frauen in akuten Situationen helfen zu können, und sie auf ihren Weg aus der Gewalt aktiv zu unterstützen.

Aber warum konnten sich letztendlich in Italien, trotz einer starken feministischen Bewegung in den 70er Jahren Frauenhausprojekte bis heute gar nicht, oder nur schwer durchsetzen?

Auf der einen Seite spielt mit Sicherheit die schwierige und mißtrauische Beziehung der italienischen Frauen gegenüber den staatlichen und sonstigen Institutionen eine Rolle, auf der anderen Seite existiert das begründete Mißtrauen der Mitarbeiterinnen, daß ihre Arbeit zu einer reinen Sozialarbeit degradiert werden könnte und dadurch nicht zu tatsächlichen strukturellen Veränderungen führen würde: "Die Frau wird nicht in ihrer Autonomie unterstützt, sondern bleibt im Zeichen der traditionellen *patronage.* "Dieses Mißtrauen ist nicht unbegründet. Die italienische Gesellschaft orientiert sich auch heute noch am katholischen Moralkodex und hat weit mehr als die nordeuropäischen Länder patriarchale Strukturen in alle Lebensbereiche integriert. Bezeichnend ist auch, daß alle sozialen, städtischen und staatlichen Einrichtungen, besonders aber die kirchlichen Sozialeinrichtungen, am Familienerhalt bzw. an einer Familienzusammenführung interessiert sind. Nicht die Frau steht im Mittelpunkt, sondern die 'heilige' Familie. Interfamiliäre Gewalt – wenn sie nicht gerade mit Mord und Totschlag endet, gilt als nur kleine Grenzverletzung (Kavaliersdelikt). Viele Frauen fügen sich diesem System, weil kaum Gegenmodelle existieren und Lösungsmöglichkeiten außerhalb ihres Bickfeldes liegen.

Entstehung des Frauenhauses in Bologna

In den Monaten Mai und Juni 1985 wurden in Bologna zwei Fälle von sexueller Mißhandlung an Minderjährigen bekannt. Diese Geschehnisse gaben den letzten Anstoß für eine umfassende und tiefgreifende Diskussion zum Thema *Gewalt gegen Frauen*.
Während den darauf initiierten Treffen, die im *Frauendokumentationszentrum* in Bologna stattfanden, wurde sehr schnell deutlich, daß in der Stadt Bologna geeignete Strukturen und Hilfsangebote für Frauen fehlten, die in irgendeiner Form Gewalt erfahren hatten.
Engagierte Frauen aus der aktiven Frauenbewegung gründeten eine Arbeitsgruppe, die sich von nun an regelmäßig traf. Die diskutierten Inhalte bezogen sich sowohl auf den Bereich der öffentlichen Gewalt, als auch auf die häusliche Gewalt gegen Frauen.
Die Teilnehmerinnen mußten feststellen, daß die an Frauen verübte Gewalt hauptsächlich in den Familien – still und versteckt hinter verschlossenen Türen – stattfindet. Fast immer bleiben diese Delikte unangeklagt und zwar meist aus Unwissen, Scham und Angst vor den Institutionen und den damit verbundenen Konsequenzen für die Frauen.
Die Auseinandersetzung mit dem Thema Gewalt führte unweigerlich zu der Idee, ein Frauenhausprojekt in der Stadt aufzubauen. Es sollte sowohl ein Betratungszentrum als auch ein Frauenhaus entstehen, um so auch den Frauen, die sich in akuter Gefahr befinden, eine erste sichere, momentane Unterkunftsmöglichkeit gewährleisten zu können.

Die feministische Arbeitsgruppe hatte – trotz aller Bedenken – ihr Konzept für ein Frauenhausprojekt erstellt, in dem – im Gegensatz zum Ansatz anderer Institutionen – die Frau mit ihren Erfahrungen im Mittelpunkt steht, um ihr Wege und konkrete Möglichkeiten zu eröffnen, ihre gewalttätigen Lebensumstände zu verlassen und ein autonomes selbständiges Leben zu führen.
Dieses Konzept wurde den zuständigen Institutionen vorgeschlagen, wobei die Leitung des Frauenberatungszentrums und des Frauenhauses in den Händen der Arbeitsgruppe bleiben sollte, die Finan-

zierung aber von der Stadt beziehungsweise dem Kreis übernommen werden sollte.
Die Stadt Bologna und das Land *Emilia Romagna* sollten für diese Idee mitverantwortlich zeichnen und institutionell die frauen- und gesellschaftspolitische Wertigkeit des Projektes anerkennen. Das Ziel der Arbeitsgruppe war es endlich politisch ein Zeichen zu setzen.
1990 gründeten die Frauen den Verein: *Gruppo di lavoro e ricerca sulla violenza alle donne (*Arbeits- und Forschungsgruppe über die Gewalt gegen Frauen). Gleichzeitig vereinbarten sie mit der Stadt und dem Landkreis Bologna einen entsprechenden Finanzierungsplan. Dadurch stand der Verwirklichung des Frauenhausprojektes nichts mehr im Wege. Geeignete Räumlichkeiten wurden gefunden, andere Hürden und Schwierigkeiten überwunden, auch Dank der intensiven Arbeit der Frauen, die an die Notwendigkeit des Konzeptes glaubten, und sich innerhalb der für die Durchsetzung des Konzeptes entscheidenden Institutionen dafür einsetzten.
Die Öffnung des Frauenberatungszentrums und des Frauenhauses im Februar 1991 bereicherte die Stadt um ein wichtiges frauenspezifisches Zentrum, das sich an den unterschiedlichen Erfahrungen der Frauenhausarbeit im Ausland orientierte und sich gleichzeitig den italienisch spezifischen Bedingungen anpaßte.
Im Zentrum arbeiten sieben feste Mitarbeiterinnen und eine nicht festgelegte Anzahl von Praktikantinnen. Das autonome Frauenzentrum funktioniert sowohl als Frauenberatungsstelle und Frauenhaus, sowie auch als ein Begegnungs- bzw. Diskussionszentrum, als Ort für Fort- und Ausbildungskurse zudem für Selbsthilfegruppen.

Nach der Öffnung des Frauenhauses in Bologna entstanden kurze Zeit später weitere Frauenzentren und -häuser in anderen Städten Italiens: in Mailand, wo schon vorher ein Beratungszentrum existierte, in Rom, Venedig, Modena und Parma. Andere sind später hinzugekommen, oder befinden sich zur Zeit im Aufbau.
Ein feministisches Bewußtsein erwacht in immer mehr Frauengruppen, die sich mit dem Thema Frauen und Gewalt auseinandersetzen, und es entwickelt sich die Erkenntnis und Bereitschaft, den Frauen, die ihre gewalttätigen Partner verlassen wollen, durch

konkrete Angebote zu helfen und sie in ihrer Entscheidung zu unterstützen.
Dieses wachsende Bewußtsein der Frauenbewegung war notwendige Voraussetzung, da das italienische Strafsystem nicht genügend auf diese spezifischen Probleme eingeht und so die Frauen keine rechtliche Handhabe haben, um sich vor diesen Gewaltformen schützen zu können. Geeignete Gesetze waren nicht und sind auch heute noch nur ungenügend vorhanden. Allerdings ist Italien keine Ausnahme, sondern eher die Bestätigung einer Regel.

Die Frauenpolitik des Zentrums

Die Mitarbeiterinnen des Frauenhausprojektes stellen sich auf die Seite der Frau, sei es in der Interpretation der Gewalterfahrungen, oder in der konkreten und zielgerichteten Art die Frauen auf ihrem Weg zu unterstützen. Diese Sichtweise ist – wie wir oben gesehen haben – keineswegs in der institutionellen Frauenarbeit üblich.
Für die Mitarbeiterinnen des Frauenhausprojektes war es eine sowohl theoretische als auch praktische politische Entscheidung für einen Teil der Menschheit, für die Frau. Dies ist unter dem Gesichtspunkt der Verschiedenheit der Geschlechter in ihrer Identität und Persönlichkeit zu sehen: Es gibt das männliche und das weibliche Geschlecht, wobei das Männliche in der italienischen Gesellschaft immer noch als 'das Subjekt' begriffen wird.
Die Frau wird in ihrem Verhalten durch den männlichen Kodex definiert und es fehlen weibliche Bezugspunkte und Vorbilder, um die eigene Identität und Stärke als Frau zu erkennen und zu bestimmen.
Gewalt gegen Frauen ist eng mit der Aufhebung der Anerkennung des weiblichen Geschlechts verbunden, und äußert sich in dem Wunsch der Männer, die Frau, die sie häufig als anders und gefährlich wahrnehmen, zu beherrschen.
In Konsequenz kann man Gewalt gegen Frauen nicht als eine kranke oder psychopathische Verhaltensweise herunterspielen, sondern muß die zwischenmenschliche, alltägliche Paarbeziehung zwischen Mann und Frau als Spiegel der Gesellschaftsordnung betrachten. Dabei ist es irrelevant, aus welcher sozialen Schicht die Frau oder der Mann

kommt. Die Erfahrungen der letzten Jahre in dem Beratungszentrum bestätigen: Frauen, die geschlagen und vergewaltigt werden, kommen, genauso wie die Täter, aus allen sozialen Schichten.

Die physische und sexuelle Gewalt in einer Paarbeziehung, die immer von einer psychischen begleitet wird, bildet eine eigene zwischenmenschliche Dynamik. Im allgemeinen wiederholen sich die Gewaltepisoden in einem regelmäßigen, aber immer kürzer werdenden Zyklus, scheinbar ohne einen offensichtlichen Grund. Auch die Art der Gewalt verändert sich: Sie steigert sich langsam, so daß sie zu einer ernsten Lebensbedrohung für die Frau eskalieren kann. Dieses Phänomen wird als *Kreislauf der Gewalt* bezeichnet, und ist in drei Phasen untergliedert:
Der Aufbau der Spannung, die Explosion der Gewalt und das Bedauern und die Reue über das Geschehen. Danach kann das Paar für einige Zeit gefühlsmäßig ruhig miteinander leben.
Die Frau, indem sie einen Schock nach dem anderen erlebt, verliert immer mehr an Selbstbewußtsein, aber auch das Vertrauen und die Hoffnung, daß sich diese Situation verändern läßt, verschwinden. Vor allen Dingen sieht sie keine Möglichkeit mehr, sich der Macht des Mannes zu entziehen. Das Verhalten des gewalttätigen Mannes kann man mit dem eines Folterers vergleichen, der seine Opfer mit den gleichen Mitteln erniedrigt und zerstört.
Die Mitarbeiterinnen des Frauenhausprojektes gehen davon aus, daß die zwischenmenschlichen Beziehungen eine wichtige Rolle auf dem Weg der Frau zu einem neuen Selbstverständnis einnehmen. Der Schwerpunkt der Arbeit liegt daher auf einer wechselseitigen Beziehung zwischen der Mitarbeiterin und der Hilfe suchenden Frau, um so ihre Suche nach Freiheit und Autonomie zu unterstützen.
Die Mitarbeiterin kennt weitgehendst den Standpunkt der Frau, ihre Wünsche und Zukunftsvorstellungen und bestätigt sie in ihrer Situationsanalyse mit ihrer Sachkenntnis. Die Frau selbst wendet sich an das Zentrum mit einem konkreten Hilfegesuch und erkennt mit Hilfe der Mitarbeiterin – zu der sie eine Beziehung aufbaut –, ihre Gewalterfahrung zu interpretieren und erweitert ihr Wissen um mögliche Hilfen in der Stadt und in ihrer Umgebung.

Die Mitarbeiterinnen vom Zentrum möchten weder eine fürsorgliche, noch beschützende Rolle in der Beziehung zu der Frau einnehmen, was sich ganz deutlich auf die Arbeitsmethode auswirkt. Das Beratungszentrum, beziehungsweise das Frauenhaus befaßt sich nur dann mit der Frau, wenn sie selbst im Frauenhaus anruft oder vorbeikommt. Sie muß das Bedürfnis nach Hilfe spüren und ausdrücken, und den ersten Schritt aus der gewalttätigen Situation, in der sie sich befindet, wagen.

Solange seelische Konfusität und Angst, Scham- und Schuldgefühl den Wunsch nach der Befreiung unterdrücken, würde jedes Hilfsangebot ins Leere greifen, denn es würde der Frau verbieten sich in erster Person für sich und ihre Zukunft verantwortlich zu fühlen.

Die Beratung

Im allgemeinen erfolgt das erste Gespräch telefonisch. Die Mitarbeiterin, die das Gespräch führt, nimmt alle Informationen auf und bestätigt der Frau, daß sie anonym bleiben kann und das Gespräch geheim gehalten wird. Die Mitarbeiterin versucht sofort eine vertrauensvolle Beziehung zu der Frau aufzubauen. Der erste Schritt ist der Wunsch, der Frau zu helfen, ihre Fragen und ihr Hilfegesuch anzunehmen, dann muß festgestellt werden, ob sie mit ihrem Problem in das Frauenhaus- und in den Beratungsbereich hineinpaßt, und wie das Zentrum ihr helfen kann.

Die Mitarbeiterin kann wichtige Informationen und Tips geben, wie sich die Anruferin zunächst in ihrer Situation zu Hause verhalten kann, dann aber auch ein persönliches Gespräch mit der Frau im Zentrum vereinbaren.

Die Beratungsgespräche bieten der Betroffenen die Möglichkeit, über ihre Erfahrungen und Gewalterlebnisse zu reden und gemeinsam mit der Mitarbeiterin nach Lösungsmöglichkeiten zu suchen, um einen Weg aus dieser Situation zu finden. Die Intension der Mitarbeiterin ist es, die Stärke der Frau, die an einigen Punkten des Gesprächs auftaucht, hervorzuheben, die Angst der Frau einzudämmen und die Vorstellung eines omnipotenten Mannes abzubauen.

In den Gesprächen versuchen sie gemeinsam die Konfliktpunkte und Probleme aus der Geschichte und den persönlichen Erfahrungen der Frau herauszukristallisieren und zu verstehen, welche finanziellen Ressourcen und welche innere Kraft der Frau zur Verfügung stehen. Gemeinsam entscheiden sie über einige Ziele, die die Frau in einer angemessenen Zeit verwirklichen kann. Die einzelnen Schritte werden dabei so genau wie möglich definiert. Auf dem gesamten Weg begleitet und unterstützt die Mitarbeiterin die Frau bei der Realisierung dieser Ziele. Sie hilft im Umgang mit den Institutionen, der Polizei, den Anwälten...

Die Beratung ist sicherlich auch eine wichtige Gelegenheit für die betroffene Frau, sich mit ihren Schuldgefühlen, ihrer Selbstanklage und der Opferrolle – in die sie sich selbst hineinmanövriert hat – zu befassen, sich ihrer Gefühle bewußt zu werden und so langsam einen Veränderungsprozeß in sich einzuleiten. Durch die Auseinandersetzung mit ihrer Geschichte und den Problemen, mit denen sie sich nun tagtäglich konfrontieren muß, erfährt sie in sich eine neue Stärke, die ihr dabei hilft, das Leben selbständig in die Hand zu nehmen.

Alltag im Frauenhaus – Interviews

Die Mitarbeiterinnen

In einen Treffen mit den Mitarbeiterinnen und Begründerinnen des Frauenzentrums in Bologna haben wir verschiedene Themen angesprochen und diskutiert. Vor allen Dingen war es interessant, den Unterschied zwischen Italien und nordeuropäischen Ländern herauszuarbeiten.

Anna Maria: In den 70er und Anfang der 80er Jahre gab es eine sehr engagierte Frauenbewegung in Italien, die sich dann so schnell wieder auflöste, wie sie begonnen hatte. Schuld daran ist die italienische Mentalität, womit ich meine, daß es nicht so sehr um die Befreiung der Frau ging, sondern um die Emanzipation, die als Karriere mißverstanden wurde. Die 'Manager- bzw. Karrierefrau' wurde verherrlicht, anstatt der wirklichen inneren Veränderung und der Entwicklung der eigenen Identität mehr Aufmerksamkeit zu schenken.
Trotz der Auflösung vieler Frauengruppen und der Beendigung der Emanzipationsbewegung als Massenbewegung, glaube ich sehr an die Kraft der Frauengruppen, die damals entstanden sind und heute noch existieren, an die Selbsterfahrungsgruppen und auch an Gruppen wie die unsrige, die in der Stadt agieren.

Rosella: Ein großer Unterschied der italienischen Frauenhausbewegung zu der anderer Länder liegt in der Tatsache, daß sie nicht auf einen Sozialstaat bauen kann, wie in zahlreichen nordeuropäischen Ländern. Als ich vor kurzem in Deutschland war, war ich wirklich überrascht, was für tolle Häuser sie zur Verfügung haben und die Finanzierung durch den Staat, was natürlich das Resultat langer Kämpfe aus den 70er Jahren ist.
Bei uns ist das nicht so. Geld für Frauenprojekte gibt es nur wenig, und auch die zwanzigjährige Frauenbewegung hat da nur wenig ausrichten können.

Anna Maria: Unser Land, Emilia Romagna, ist sicherlich für diese Art von Problemen am sensibelsten. Zwei von bisher fünf Häusern liegen in Emilia Romagna, jedoch kommt die nötige Finanzierung nur tröpfchenweise.

Die öffentliche Meinung

Liliana: Im allgemeinen sind die Frauenhäuser, bzw. die Frauenberatungszentren noch immer sehr wenig bekannt.
In ganz Italien gibt es bisher 4 oder 5 Frauenhäuser, was natürlich schon in sich selbst eine Aussage ist. Alle befinden sich von Rom aus im nördlichen Teil des Landes. Nur wenige wissen um ihre Existenz und wo sich diese Orte befinden, wie sie funktionieren und welche Art von Hilfestellungen in diesen Zentren geleistet wird. Es fehlt eine große Öffentlichkeitsarbeit. Vielleicht liegt es auch daran, daß man diese alltägliche Form von Gewalt bisher noch nicht als solche anerkennen will.

Anna Maria: In der italienischen Gesellschaft ist aufgrund der starken Prägung durch die katholischen Kirche eine patriachale Kultur vorherrschend. Dies wirkt sich natürlich sehr deutlich auf die Familienstruktur aus. Die Familie ist der grundlegende Baustein, der die Gesellschaft formt.
Wenn man nun versucht, die Gewalt ans Licht zu bringen, sie aus der Verschwiegen- und Verschlossenheit der Familien herauszureißen und die Gesellschaft mit der Gewalt in der Familie konfrontiert, stürzt die Institution 'Familie' in eine Krise. Der den Italienern wesenseigenen Wert der 'Familie' würde in seinen Grundmauern erschüttert und in Frage gestellt werden.
Wir versuchen als Verein mit all unseren Kräften dem Mangel an Informationen entgegenzuarbeiten, aber vor allem versuchen wir, zur gesellschaftlichen Veränderung beizutragen.

Das Zentrum

Chiora: Im wesentlichen haben wir zwei Strukturen, eine ist das Aufnahmezentrum und die Beratungsstelle, die andere das Frauenhaus. Normalerweise werden diese zwei Strukturen von zwei verschiedenen Vereinen getragen. Wir haben an ein einziges Projekt gedacht, wobei das 'Empfangszentrum' den ganzen Tag geöffnet ist, und als Anlaufstelle dient. Die Frauen können anrufen oder direkt vorbeikommen. Also im Zentrum empfangen wir in der Regel die Frauen und je nach Notlage machen wir die Termine für Beratungsgespräche. Das können Gespräche sein, die zunächst in der extremen Notlage helfen, aber auch langfristige Beratungsgespräche, die solange dauern, wie sie die Frau benötigt, um aus der gewalttätigen Situation auszusteigen.

Es sind nur sehr wenige Frauen, die wir in das Frauenhaus aufnehmen. In der Zeit unseres Bestehens haben wir ca. 100 Frauen (bis Ende 1995) im Frauenhaus aufgenommen, aber im Zentrum mit über 1.500 Frauen Kontakt geschlossen und Beratungsgespräche geführt.

Das heißt also, daß im Zentrum viel mehr Frauen angesprochen werden, weil die Gewalt sehr weitreichend und vielschichtig ist, und viele Frauen nicht unbedingt ins Frauenhaus gehen müssen. Man kann sagen, daß wir im Beratungszentrum eine größere Arbeit geleistet haben, obwohl ein Beratungszentrum ohne das Frauenhaus nicht denkbar und sinnvoll wäre. Es ist für die akuten Notfälle absolut notwendig.

Im Beratungszentrum finden zahlreiche Aktivitäten statt. Wie oben erwähnt, dient es als erste Anlaufstelle und Ort für Beratungsgespräche, aber es ist auch Zentrum für alle möglichen frauenpolitischen Aktivitäten, Selbsthilfegruppen, Frauenprojektarbeiten, Öffentlichkeitsarbeit und politische Veranstaltungen. Darüber hinaus befindet sich dort ein Frauenarchiv. Kurz: Alle Arbeiten des Vereins erfolgen dort.

Der erste Kontakt mit dem Zentrum

Anna Maria: Im allgemeinen ruft die Frau an, nur selten kommt sie persönlich vorbei. Wir versuchen also sofort im ersten Augenblick am Telefon eine Beziehung aufzubauen, und zu verstehen, welche Art von Hilfe diese Frau nötig hat. Meist machen wir den Frauen während des ersten telefonischen Kontakts, den Vorschlag, sich zu einem Beratungsgespräch im Zentrum mit uns zu treffen. Wenn die Frau es nötig hat, ins Frauenhaus zu gehen, kann sie, wenn Platz vorhanden ist, dort unterkommen. Das ist natürlich oft ein Problem, da wir nur eine sehr kleine Wohnung zur Verfügung haben, und häufig müssen für kurze Zeit andere Lösungen gefunden werden, bis im Haus ein Platz frei wird. Im ersten Gespräch wird man versuchen, die für die Frau realistischste Lösung zu finden.
Hat die Frau Kinder, wird alles sofort viel komplizierter. Sie muß, nachdem sie mit ihren Kindern ihren Mann verlassen hat, Kontakt mit dem städtischen Sozialamt, mit dem Jugendgericht und vielleicht noch mit der Polizei aufnehmen. Das alles sind Gänge, die sie in den ersten Tagen erledigen muß. Natürlich ist es uns immer am Wichtigsten, daß die Frau aus der Gewaltsituatin herauskommt, deshalb wird ihr der Aufenthalt im Frauenhaus vorgeschlagen. Während der Zeit, in der die Frau im Frauenhaus lebt, macht sie eine Reihe von Beratungsgesprächen mit der Mitarbeiterin, die sie als erste aufgenommen hatte. Im Haus selber gibt es einmal wöchentlich eine Hausversammlung und darüber hinaus lebt sie mit den anderen Frauen zusammen und kann mit diesen Erfahrungen austauschen..

Die konkrete Arbeit im Zentrum und im Frauenhaus

Liana: Im Zentrum sind wir zu zweit. Eine kann sich auf Beratungsgespräche konzentrieren, die andere Telefongespräche führen. Darüber hinaus müssen ganz normale Büro- und Organisationsarbeiten geleistet werden.
Im Frauenhaus arbeiten zwei Mitarbeiterinnen, eine ganztags, die andere halbtags. Sie kümmern sich um die Organisation des Hauses. Die Frauen im Frauenhaus leben autonom. Sie regeln ihren Einkauf

und das Zusammenleben. Sie sind eigenverantwortlich für das, was im Haus passiert.
Die Mitarbeiterinnen sind dafür da, den Frauen eine Stütze zu bieten, und die Frauen auf ihrem Weg zu begleiten. Ebenfalls kümmern sie sich teilweise um die Kinder, die im Haus leben.

Finanzielle Situation – Sozialhilfe?

Ilisa: Hier in Italien gibt es mit Sicherheit weniger Hilfeleistungen als in anderen europäischen Ländern. Eine Frau, die ihren Ehemann oder Partner wegen dessen Gewalttätigkeit verläßt, hat in Frankreich, Deutschland, Belgien und vielleicht England sofort ein gesetzliches Anrecht auf Sozialhilfe. In Italien existiert ein solches Gesetz nicht. Sozialhilfe bekommt man durch das freie Ermessen des Sozialarbeiters, das heißt durch das Jugend- oder Sozialamt. Dies gilt auch nur ausschließlich für Frauen mit Kindern. Alles hängt also von den Verhandlungen mit den Ämtern ab und ob die Frau Kinder hat.
Wenn eine Frau kinderlos verheiratet ist, hat sie kein Anrecht auf Unterstützung. Das ist natürlich ein Problem, weil zu uns auch häufig ältere Frauen kommen, die ihre Kinder schon groß gezogen haben, die es aber leid sind, weiterhin die gewalttätige Situation zu ertragen. In Italien ist die Gewalt gegenüber Frauen gesetzlich nur wenig umrissen. Das was passiert, wenn eine Frau mit ihren Kindern von ihrem Mann weggeht ist, daß sie vom Jugendgericht und vom Sozial-, bzw. Jugendamt verschärften Kontrollen unterlegen ist. Sie ist verpflichtet an Sitzungen mit einem Psychologen der USL (ital. Gesundheitsamt) teilzunehmen, wobei ihr Kind präsent sein muß. Sie wird dazu gezwungen das und jenes zu machen, während der Mann seelenruhig zu Hause sitzen kann und bestimmt nicht von der Polizei gestört wird. Das heißt, die Frau erfährt erst die Unterdrückung durch den Mann und dann durch die Ämter.
Wir versuchen die Frau in ihrer Situation zu unterstützen, ihr ihre Glaubwürdigkeit zurückzugeben, sie in den Mittelpunkt des Geschehens zu stellen, denn sowohl das Gericht, als auch das Sozialamt sehen nicht sie, sondern vordergründig die Probleme, die sie macht. Die Gewalt in der Familie oder Gewalt gegen die

persönlichen Rechte der Frau werden immer noch als geringfügige Delikte angesehen.
Unsere Arbeit besteht darin, alle Möglichkeiten für die Frau auszuschöpfen, nicht nur vom gesetzlichen Standpunkt aus, sondern auch während der Verhandlungen mit den einzelnen Sozialarbeitern der Stadt. Hierbei hat die Mitarbeiterin die Möglichkeit, einzelne Punkte in Frage zu stellen und die Entscheidung der Sozialarbeiterin in dem einen oder anderen Punkt zu Gunsten der Frau zu beeinflussen.
Für die Aufklärung innerhalb der Institutionen gibt es noch viel zu tun, um den noch sehr großen Unterschied zu ausländischen Frauenhäusern auszugleichen.
Ich möchte ergänzen, daß unsere Frauenhäuser sehr viel kleiner sind als viele ausländische Häuser, was bedeutet, daß sich viel Arbeit zuhause bei den Frauen abspielt, anstatt im Frauenhaus. Ein Großteil unserer Arbeit konzentriert sich auf die Beratungsgespäche.
Hier gibt es einen großen Unterschied zu anderen Ländern: Da es bei uns keine Sozialhilfe im eigentlichen Sinn gibt, würden viele Frauen vielleicht die erschwerte und finanziell unsichere Situation nicht durchstehen. Deshalb müssen sie eine etwas langsamere Strategie wählen. Man sollte dies aber nicht nur negativ sehen, sondern es kann manchmal unter einigen Aspekten auch produktiver sein, zum Beispiel: Wir wissen, daß in ausländischen Häusern die Frauen oft zu ihren Männern zurückgehen, dann wieder ins Frauenhaus kommen, wieder zurück, wieder ins Frauenhaus, bis sie es schaffen, sich ganz aus der Situation zu lösen. Bei uns passiert dies nur ganz selten.
Ich denke das hängt von verschiedenen Faktoren ab, doch es liegt sicherlich auch an der Tatsache, daß wir nur wenige Frauen, die ins Beratungszentrum kommen, im Frauenhaus beherbergen können. Wenn eine Frau von zu Hause weg geht und entschieden hat, ihren Ehemann zu verlassen, hat sie in den meisten Fällen all ihre Kräfte gesammelt, um die Schwierigkeiten anzugehen.
Vielleicht haben wir auch ein wenig Schuld daran. Die Tatsache, daß wir nur so wenig Platz haben, hat sicherlich eine gewisse Auswahl zur Folge.
Aber ich denke, auch wenn man einer Frau sagt: “Ja komm, du kannst im Haus wohnen“, sie es aber dann finanziell nicht schafft

und gezwungen ist, später wieder zum Mann zurückzugehen, ist es sehr viel schwieriger für sie, damit klarzukommen, denn bei uns gibt es eben keine Sozialhilfe oder andere finanzielle Unterstützung. Das ist unser großes Handicap.

Die Bedingungen und Regeln im Haus

Ilisa: Vor allen Dingen ist es die Geheimhaltung der Adresse. Die Frauen müssen in der Lage sein, autonom leben zu können, sie dürfen keine Alkoholikerinnen oder Drogenabhängige sein. Die Frau muß finanziell unabhängig sein. Wir haben vielen Frauen geholfen, indem wir ihnen Geld geliehen haben, bzw. geschenkt haben. Bevor die Frauen ihre Männer verlassen, fragen wir sie immer, ob sie finanziell abgesichert sind, oder eine Zeitlang unabhängig leben können. Viele Frauen, die zu uns gekommen sind, haben dann auch ziemlich schnell Arbeit gefunden.
Die Frauen können drei Monate im Frauenhaus bleiben. An dieser Regel halten wir sehr streng fest, da sie der Frau die Möglichkeit gibt, alle ihre Kräfte zu potenzieren, die es ihr wiederum ermöglichen, schnell einen neuen Start zu schaffen.

Anna-Maria: Wir haben dieses Zeitlimit gesetzt, weil das Haus klein ist, und wenn eine Frau mehr als drei Monate wohnen bleibt, nimmt sie einer anderen Frau die Möglichkeit zu dieser Alternative.
Auf der anderen Seite stimmt es, daß einige Frauen mehr Zeit bräuchten. Wir verlängern diese drei Monate in Ausnahmefällen, achten aber gleichzeitig auf die Entwicklung dieser Frau. Sicherlich ist, diese Zeit sehr kurz.
Es gibt aber noch einen anderen Aspekt, der nicht zu unterschätzen ist. Die Tatsache, daß die Frau im Frauenhaus in einer geschützten Situation lebt, kann dazu führen, daß sie sich der Struktur anpaßt. Sie befindet sich in einem Raum, der ihr eine gewisse Sicherheit garantiert. Es kann passierten, daß ihr die Kraft fehlt, sofort den Alltag und die äußeren Bedingungen anzugehen. Also muß man sie ein wenig stimulieren und auf der anderen Seite auf die gegebenen Zeiten achten. Das kleine Haus

zwingt uns oft, mehr auf die drei Monate zu achten, als auf die Situation der jeweiligen Frau.

Ilisa: Ich möchte noch etwas zu der Frage der Aufenthaltsdauer sagen: Wir gehen davon aus, daß Frauen, die von ihren Männern mißhandelt wurden, zwar eine zeitweise schwierige Phase durchlaufen, aber nicht total am Boden zerstört sind. Zumindest nicht die Frauen, die zu uns kommen. Wie schon gesagt, dürfen es keine Alkoholikerinnen oder Drogenabhängige sein, und sie müssen finanziell unabhängig sein. Wir haben oft in den Beratungsgesprächen mit den Frauen, eine solche Energie und Tatkraft bemerkt, daß wir sie sogar manchmal in ihrem Tatendrang stoppen müssen. Sie arbeiteten und machten sehr viel mehr als normal ist. Das Problem oder die Schwierigkeit ist diese Energie, die die Frauen freisetzen, zu ihrem Vorteil umzulenken und für sie positiv nutzbar zu machen, denn außer Zeit zu gewinnen, findet man dann auch die Mittel. Unserer Meinung nach, muß die Zeit, die sie hier im Frauenhaus verbringen, sehr konzentriert und reich an Aktionen sein, auch schon um ihr Selbstbewußtsein zurück zu erlangen.
Es ist nicht die Verlängerung der Zeit im Haus, die den Frauen hilft, aus ihrer Situation herauszukommen. Diese drei Monate sind für sie sicherlich keine entspannte Zeit, sondern das genaue Gegenteil. Wenn eine Frau von ihrem Mann weggeht und ins Frauenhaus kommt, ist sie voller Energie, die ihr hilft, soviele Angelegenheiten wie möglich zu erledigen. Es ist wichtig für ihren Entwicklungsprozeß, daß sie die ganzen Gänge zu den Institutionen und Erledigungen selber machen muß. Natürlich ermüdet sie das ganz schön, denn es ist vielleicht das erste Mal, daß sie selber aktiv werden muß. Dennoch muß man bedenken, daß sie es in der kaputten Beziehung oft noch viel schwerer hatten. Dort nutzten sie ihre Energie hauptsächlich dazu, Abwehrmechanismen aufrecht zu erhalten und Schutzmauern zu errichten.
Wir Mitarbeiterinnen vom Frauenzentrum versuchen mit dieser Energie zu arbeiten und sie für die Frauen positiv nutzbar zu machen. Die Umwandlung der Energie ist natürlich ein schwieriges und langfristiges Projekt. Wichtig ist es, daß die Frauen mit ihrer Energie nicht auf den Nullpunkt gelangen, sondern sie sofort für ihre

existentiellen Probleme nutzen. Es ist nicht so, daß wir jeden Tag mit der Peitsche in der Hand hinter den Frauen stehen: Steht auf, macht das oder jenes … absolut nicht. Die Zeit, in der sich die Frauen vorher in ihrer Beziehung bewegten, stand praktisch still, denn sie war vom anderen, vom Mann, bestimmt. Also empfinden sie die Zeit die sie jetzt haben, als sehr viel länger. Sie erlebt sie auch sehr viel entspannter, ohne Angst und Schwere. Vielleicht muß eine Frau sich mit einer anderen Art von Angst konfrontieren: Was werde ich alleine in der Zukunft machen?

Die Bewohnerinnen

Warum ins Frauenhaus?

Im Frauenzentrum in Bologna hat sich eine Gruppe aus ehemaligen Frauenhausbewohnerinnen zusammengefunden, die gemeinsam an ihren Erfahrungen arbeiten, aber auch bereit sind, einem größeren Publikum ihre Erfahrungen mitzuteilen. Alle Frauen leben schon längere Zeit alleine oder mit ihren Kindern in eigenen Wohnungen. Sie haben den ersten Schritt zur Selbständigkeit hinter sich und konfrontieren sich nun mit anderen, alltäglich auftauchenden Problemen. Die fünf Frauen in der Gruppe haben ganz unterschiedliche Geschichten und Ausgangspunkte, treffen sich aber in einigen Entwicklungspunkten.

Nina, 36 Jahre, zwei Töchter und einen Sohn, sie lebte drei Monate im Frauenhaus, fand dann eine Wohnung, in der sie nun seit einigen Jahren gemeinsam mit ihren Kindern lebt.

Nina: Ich bin 1989 mit meinem zweiten Mann und meinen zwei Töchtern von Argentinien nach Italien gekommen. Die finanzielle Situation in Argentinien war unhaltbar. Ich arbeitete zwölf Stunden am Tag in einem Reisebüro. Mein Mann war arbeitslos, fand keine Arbeit. Es ging einfach nicht mehr weiter. Er hat die argentinische und italienische Staatsangehörigkeit, und so war es naheliegend, daß wir nach Italien gingen. Nachdem er vorgefahren war, und eine Wohnung gefunden hatte, bin ich mit den Kindern gefolgt.
Am Anfang war es sehr schwer, ich sprach kein Wort Italienisch. Meine beiden Töchter, fünf und sieben Jahre alt, kamen in die Schule. Mein Mann arbeitete als Hilfsarbeiter. Ich merkte, daß ich wieder schwanger war. Um Geld zu verdienen, habe ich, wie in Argentinien, Schmuck hergestellt, Ohrringe, Ketten, die ich dann in einem Koffer ohne Lizenz auf der Straße verkauft habe. Nach einem halben Jahr hatte ich dann die Verkaufslizenz und konnte mich dann mit einem Stand auf den Markt stellen.

Die Beziehung zwischen mir und meinem zweiten Mann wurde immer schlechter. Er hatte mit seinem Job als Hilfsarbeiter aufgehört, und wir arbeiteten jetzt zusammen. Aber jeden Tag wurde mir klarer, daß ich immer mehr Angst hatte, mit ihm zusammen zu sein. Er war sehr gewalttätig und gefühlsmäßig instabil. Wir befanden uns in einer Situation, in der du morgens, wenn du wach wurdest, nicht wußtest, ob du laut sein konntest oder nicht, denn das hing von seiner Stimmung ab, wenn er die Augen öffnete. Im ersten Jahr in Italien, kamen auch seine Eltern, die italienischer Abstammung sind, hierher, und wohnten in unsere Wohnung. Das Zusammenleben im Haus wurde so natürlich noch komplizierter, und mein Mann wurde jeden Tag gewalttätiger. Ich habe wirklich angefangen, Angst zu haben. Ich hatte gedacht, daß ich mich im Laufe der Zeit an seinen Charakter gewöhnen würde, daß das, was er sagte richtig wäre; er wird wütend, aber dann geht es schon wieder vorbei. Ich wollte mir so Mut machen, um weiterzuleben. Dann habe ich kapiert, daß es ein Teil seines Charakters ist, und ich es nicht schaffen würde, ihn zu verändern, und er sich mit mir auch nicht. Ich wollte seinen Lebensstil nicht mehr, wollte nicht seine Sklavin sein. Ich beobachtete meine Töchter, die jeden Tag trauriger wurden, sich immer mehr in sich verschlossen und deprimiert waren. Sie lachten nicht mehr, oder nur dann, wenn ich einige Scherze mit ihnen machte. David wurde geboren, und die Arbeit wurde immer schwerer, weil ich den Kleinen den ganzen Tag bei mir hatte. Ich fing an, mir Gedanken um die Zukunft zu machen, um seine, um meine Zukunft. Ist es richtig, ein Leben so fortzusetzen, in dem nur Arbeit, Arbeit, Arbeit und Geld zählt, ohne einen Moment genießen zu können, ohne ein bißchen Ruhe?

Mein Mann wollte dann nach Spanien, bestand darauf, denn hier wären die Steuern zu hoch usw. In diesem Moment habe ich kapiert, daß er es nie schaffen würde, irgendwo Wurzeln zu schlagen. Für mich war es klar, daß ich nicht aus Italien weggehen würde, das wenige, das wir hatten, Freunde, die Schule und das Haus nicht aufgeben wollte. Ich hatte dazu keine Lust mehr. Mein Widerspruch hat bei ihm nur noch mehr Gewalt provoziert.

Meine Entscheidung von ihm wegzugehen, entwickelte sich in einem längeren Prozeß. Zuerst hat meine Schwiegermutter mit den städtischen Sozialarbeiter gesprochen, weil die Situation im Haus für alle unerträglich wurde. Er mißhandelte auch seine Eltern, besonders seine Mutter. Sie war also die erste, die an die Tür des Frauenhauses klopfte. Die Mitarbeiterin, mit der sie gesprochen hatte, sagte ihr, daß ich dort Beratungsgespräche führen könnte, und daß eine vorübergehende Wohnmöglichkeit bestünde.
Als mein Mann für ca. zwei Wochen nach Peru fliegen mußte, habe ich mich über alles informiert, was ich brauchte, um abzuhauen. Das Frauenhaus hat mir geraten, jetzt, da er nicht da war, die Situation auszunutzen und ins Frauenhaus zu gehen. Ich habe das damals nicht geschafft, ich hatte zu große Angst, vor dem, was passieren könnte. Er ist also zurückgekommen, und ich habe ihm gesagt, es sei notwendig, daß wir was verändern, denn so könne es nicht weitergehen. Er war zuerst damit einverstanden, gemeinsam eine Therapie zu machen. Beim Sozialamt der Stadt willigten sie ein, uns dabei zu helfen. Nach dem ersten Treffen mit der Psychologin, kam er zufrieden raus und scherzte. Ich war total froh, und dachte, daß er auch was an unserer Situation verändern wollte. Aber dann sagte er: „Jetzt mache ich mir mit diesen ganzen Sachen, die sie erzählt hat, ein Püree, und hoch die Tassen, alles wird gut. Hast du gesehen, ich bin mitgekommen." Da wußte ich, daß er gar nichts verändern wollte.
In der Woche darauf habe ich dann von meiner Tochter erfahren, daß sie von ihm belästigt worden war, schon vor ein paar Monaten. Ich weiß nicht, wieviel davon wahr ist, denn er sagt heute, daß er nichts gemacht hat. Aber in dem Moment habe ich nur verzweifelt nach Hilfe geschrien. Und einen Augenblick habe ich meine Augen geöffnet und alles ganz klar vor mir gesehen. Und da habe ich mir gesagt: Schluß! Das war das letzte Wort bezüglich unserer gemeinsamen Geschichte. Das ist ein Mittwoch gewesen. Freitags habe ich ihn auf dem Markt sitzen gelassen.
Ich habe ihm gesagt, ich gehe ins Café, etwas Essen, habe aber ein Taxi genommen, meine drei Kinder von der Schule geholt und zu Hause eine Tasche mit den nötigsten Sachen gepackt: Schulbücher,

Kleider zum Wechseln und Dokumente. Das alles in einer halben Stunde, denn die Angst, die du in dem Augenblick erlebst, ist enorm, aber du hast gar keine Zeit darüber nachzudenken. Du stürzt dich hinein. Ich habe noch eine Nachricht für die Schwiegereltern hinterlassen, dann bin ich mit dem Taxi zu den Büros des Frauenhauses gefahren.

Tania, 39 Jahre, lebt allein ohne Kinder.

Tania: Meine Geschichte ist ziemlich kompliziert. Ich bin mit einem Menschen verheiratet, mit dem ich eigentlich nie zusammengelebt habe. Er ist Rumäne, wollte eine Aufenthaltsgenehmigung und die italienische Staatsangehörigkeit und brauchte dazu einen italienischen Eheschein. Nach einiger Zeit ist dieser Mensch aber wieder zurück in sein Land gegangen. Da ich nach der Eheschließung lange Zeit nichts mehr von ihm gehört hatte, und wissen wollte, was passiert war, habe ich seine Freunde gefragt, ob sie etwas über ihn wüßten. Ein Bekannter von ihm hat mir dann erzählt, wie die Geschichte weiter gelaufen ist, und was 'mein Vermählter' vor hatte... Dieser Freund, mit dem ich Kontakt aufgenommen hatte, ist auch Rumäne, der seit einiger Zeit hier in Italien lebte. Ich habe ihm ein wenig geholfen, hier klar zu kommen, eine Aufenthaltsgenehmigung zu erhalten und eine Arbeit zu finden, und dadurch ist eine Freundschaft zwischen uns entstanden, praktisch sind wir eine Beziehung eingegangen. Er ist nach Bologna gekommen und hat bei mir in der Wohnung gewohnt. Wir waren auch schon dabei Zukunftspläne zu schmieden, als die Situation begann sich zu verändern:
Dieser Mensch, dieser Mann, hatte Probleme mit der Aufenthaltsgenehmigung und mit seiner Arbeitsstelle. Er fing an, sich in seiner Haut nicht mehr wohl zu fühlen und konnte seine unsichere Situation nicht mehr aushalten. Dies führte bei ihm zu einem unangemessenen Verhalten mir gegenüber. Natürlich wollte er seine Situation in Ordnung bringen, wie der andere, und mich heiraten. Aber ich war nun mal verheiratet, und all das lag erst einige Monate zurück.

Nun, mit all seinen Problemen, fing er an, Ansprüche an mich zu stellen, und mit der Zeit machte er mich für seine Probleme verantwortlich. Ich habe versucht ihm zu helfen, wo ich nur konnte. Er wohnte in meinem Haus, und ich habe von ihm nie Geld dafür. Er hatte keine Arbeit und lebte von dem wenigen, das er noch hatte. Langsam begann dieser Mann mir Schaden zuzufügen. Nicht nur, daß ich ihn praktisch finanziell unterhielt und er sich in keinster Weise bemühte, seine Situation zu verändern, nein, er warf mir noch Steine in den Weg. Neben meiner festen Arbeitsstelle suchte ich noch andere Nebenjobs, um die gesamten Ausgaben bezahlen zu können. Er aber hatte nichts anderes zu tun, als mich noch mit Mißtrauen zu überschütten. Wenn ich abends nach Hause kam, fragte er mich, wo ich gewesen sei, was ich gemacht hätte, warum und wieso... Er konnte nicht verstehen, daß ich eine unabhängige Frau bin, und versuche mich alleine zu regieren. Meiner Meinung nach fühlte er sich impotent, unfähig, wie ein Mensch ohne Perspektiven. Ihm gingen alle Menschen auf die Nerven, die im Grunde das machten, was er im Moment nicht schaffte.
Das erste Mal wurde er mir gegenüber handgreiflich, als er nachts 'Ansprüche' stellte, während ich schlief. Vielleicht war er daran gewöhnt, daß jedesmal, wenn er mit einer Frau schlafen wollte, sie sich ihm unterwarf. Ich wollte ihm klar machen, daß die Nacht auch zum Schlafen ist, denn morgens mußte ich wieder früh aufstehen, und meiner Arbeit nachgehen. Aber diese grundlegenden Dinge hat er nicht verstanden. Er hat meine Begründung als dumme Entschuldigungen abgetan und hat Hand an mich gelegt, er hat mich geschlagen. Ich war wie vor dem Kopf gestoßen. Alles hatte ich erwartet, aber das nicht. Dieser Mensch, der auch einen robusten Körperbau hat, also eine ziemliche Kraft, hinterließ mir ein zerschundenes Gesicht und Wunden auf dem ganzen Körper.
Am anderen morgen entschuldigte er sich und fing noch an zu heulen, irgendwie ist die Sache dann dabei geblieben. Aber langsam bemerkte ich, daß er nur gute Gründe suchte, um zu hassen, um mich zu hassen. Einmal hat er mir meine ganzen Bücher im Regal umgeräumt, und dabei einige Pornozeitschriften herausgezogen. Er hat behauptet, daß ich sie gekauft hätte, was natürlich nicht stimmte.

Ich denke, er selbst hat die Zeitschriften dort hingelegt, um mich damit zu provozieren. Er fing an, an allem herumzunörgeln und sich an Kleinigkeiten festzubeißen. Seine Art mit mir umzugehen, machte mir immer mehr Angst. Ich wußte nicht mehr, wie ich reagieren sollte. In anderen Momenten, wollte er Geld von mir. Wenn ich keines hatte, mußte ich mir irgendwoher was besorgen, denn er faßte das als persönliche Beleidigung auf. Er sah nicht, daß ich alleine für den Unterhalt aufkommen mußte und einfach kein Geld da war.
Einen andern Tag hatte er, als ich nach Hause kam, mindestens schon acht, neun Tassen Kaffee getrunken. Vollgepumpt mit Koffein, fing er an zu streiten, aber in einer sehr aggressiven Art und Weise. Meiner Meinung nach wollte er nur Dampf ablassen. Er suchte richtig nach Aufhängern, um mir wehzutun. Jeder Tag wurde zum Problem, auch mit meinen Nachbarn, die er mit seinem nächtlichem Geschrei aufweckte. Ich wußte nicht mehr, wie ich mich von ihm befreien könnte.
Er hat dann endlich eine Arbeit in S. Remo gefunden. Die ganze Woche war er weg, und kam nur am Wochenende. In dieser Zeit war er so verändert, daß ich ihm sagte, ein Zusammenleben sei nicht mehr möglich. Er sollte mich in Ruhe lassen. In der Zwischenzeit hatte er auch mit anderen Frauen Beziehungen, und ich wußte, daß er eine Frau gefunden hatte, die er heiraten wollte.
Ich sagte ihm all diese Sachen und ich merkte schon, wie er langsam wütend wurde, aber als ich schließlich sagte, er solle gehen, ist er ausgeklinkt. Blindwütig schlug er um sich. An diesem Tag hatte er eine Menge Alkohol getrunken, was er normalerweise sonst nie machte. In dieser Situation hat er mich bedroht, hat mir das Messer an die Kehle gesetzt, und in dem Augenblick habe ich verstanden, daß diese Person nicht davor zurückschrecken würde, noch weiterzugehen. Ich riskierte mein Leben.
Nach einiger Zeit habe ich es geschafft, ihn noch einmal zu beruhigen, und ihn bis Montags, bis er wieder für ein, zwei Wochen zur Arbeit mußte, ruhig zu halten.
Nach diesem Tag habe ich mit meiner Schwester gesprochen, ihr von meiner Situation erzählt und mit ihrer Hilfe ein Programm ausgearbeitet, wie ich mich von ihm befreien könnte.

Ich hatte vor, ihn aus der Wohnung zu schmeißen, mußte mir aber gleichzeitig die Möglichkeit lassen, dort zu wohnen, oder gleichzeitig eine andere Wohnmöglichkeit suchen, so daß er mich nicht finden konnte. Ich habe dann mit einer Mitarbeiterin in der Beratungsstelle vom Frauenzentrums gesprochen, die mir von der Möglichkeit des Frauenhauses erzählt hat. Die Gelegenheit habe ich dann wahrgenommen und bin ins Frauenhaus gegangen.

Audrey, *Staatsangehörige der Elfenbeinküste, sie lebt seit 1981 in Italien und hat drei Kinder. Nach eineinhalb Monaten im Frauenhaus, fand sie eine Sozialwohnung mit Hilfe der Stadt, wo sie mit ihren Kindern einzog und zur Zeit des Gesprächs wohnte.*

Audrey: Ich bin seit 1981 in Italien. Mein Mann ist schon 1979 nach Italien gekommen, hat zunächst an der Universität in Perugia, dann in Neapel studiert. Er hat mich dann hierhergeholt, während mein Sohn noch an der Elfenbeinküste blieb. Ein Jahr später sind wir wieder zurückgefahren, damit ich mein zweites Kind, Anselmo, gebären konnte. 1985 war ich dann wieder schwanger mit Alessandro, der im August in Neapel zur Welt kam.
Nach seinem Staatsexamen, machte mein Mann eine Reise nach Afrika, um stolz seinen Abschluß zu zeigen. Er war ein Jahr weg und hat mich hier in Italien mit den Kindern allein gelassen. Als er sich bequemte, zurückzukommen, brachte er eine junge Frau mit, die Schwester eines Freundes. Er sagte: Sein Freund wolle, daß sie hier Arbeit fände, und daß er sie als meine Tochter über die Grenze nach Italien bringe. Als er sie dann mit zu uns ins Haus brachte, habe ich ihm gesagt: „Du hast sie jetzt sicher über die Grenze gebracht, sie kann jetzt hingehen, wo sie will, aber nicht in unser Haus.“ Da sie kein Geld bei sich hatte, habe ich vorgeschlagen, sie könne ein, zwei Wochen bei uns wohnen, dann aber müsse sie weg. Ich habe sie wie eine Schwester aufgenommen, bis ich nach ein paar Tagen festgestellt habe, daß sie die Geliebte meines Mannes war. Sie ist auf sein Drängen hin mitgekommen. Wie sich dann herausstellte, wollte sie gar nicht. Er hat ihr von meinem Geld die Fahrt bezahlt, das Geld,

das ich ihm für meinen ältesten Sohn geschickt hatte. Den hat er in Afrika gelassen.
Sofort, als ich die Situation erkannt hatte, habe ich das Mädchen geschnappt, und zur Botschaft geschleppt, die haben sie dann auf deren Kosten zur Elfenbeinküste zurückgeschickt. Das war 1989. Nach seiner Rückkehr fand er keine Arbeit in Neapel, und ein Freund sagte ihm, er könne ihm einen Job in Bologna besorgen. Er, die drei Kinder und ich sind dann alle hierher gezogen, wo er dann gearbeitet hat.
1992 ist er noch mal nach Afrika gefahren, um Verwandte zu besuchen. Wir hatten 13.000.000 Lire gespart, damit er uns ein Haus kaufen konnte.
Als er zurückkam, trudelte er nach einem Tag hier an. Ich hatte mir schon Sorgen gemacht und in Afrika angerufen.
Na ja, als er ankam hatte er einen großen Koffer bei sich und sagte, er hätte in Rom noch bei der Botschaft vorbei gemußt und hätte dann auf dem Bahnhof geschlafen.
Als ich den Koffer aufmachte, rollten mir Kinderschuhe, Frauenkleider, Gesichtscreme, Haargel, usw. entgegen. Es waren nicht meine Sachen. Dann sagte er mir, er habe ein Problem. Er habe ein Mädchen mit ihrem Kind mitgebracht. Sie seien in Neapel, und da würden sie auch bleiben. Ich wäre hier, und sie dort.
Ich dachte mir, wenn sie in Neapel bleiben, habe ich keinen Beweis und keinen Einfluß auf die Situation, also sagte ich ihm, daß es besser sei, wenn sie hierher kämen. Er hatte sie nach Neapel gebracht, damit sie für ihn arbeitete. Das Geld würde dann hier ankommen. Aber in der ganzen Situation, wer ist es der verliert? Das bin ich. Das Geld, was sie verdient, schickt sie hierhin, aber einstecken wird es sich mein Mann. Ihre Fahrt habe ich bezahlt. Ich kann sie weder anzeigen, noch sonst mich irgendwie gegen sie auflehnen, er kann alles verweigern, ich kann dagegen nichts machen.
Also habe ich ihm gesagt: Bring sie nach Bologna.
Er war sofort damit einverstanden und hat sie geholt. Als sie angekommen ist, hat sie mir ihre Tasche gegeben, um sie ins Zimmer zu tragen. Ich habe sofort ihren Ausweis, den von meinem Mann und von dem Kind genommen, und habe sie fotokopiert.

Zwei Tage später bin ich zu einem Anwalt gegangen und habe die Scheidung eingereicht. Hier fängt die Frauenhausgeschichte an. Er konnte nichts mehr leugnen, es war alles zu augenscheinlich.
Von meiner städtischen Sozialarbeiterin habe ich von diesem Frauenzentrum gehört. Ich bin dann hin gegangen und habe eine Amerikanerin, Ivonne, getroffen. Wir haben miteinander gesprochen und einen anderen Termin abgemacht. Ich bin aber nicht mehr hingegangen, weil ich das nicht richtig verstanden habe, ich dachte, ich müßte erst getrennt sein, um dahinzugehen.
Und weiterhin habe ich seine Schläge, Gewalttätigkeit und sein Geschrei ertragen.
Ich bin dann ein anderes mal zu meiner Sozialarbeiterin gegangen, die mir dann gesagt hat, daß die Stadt mir eine Wohnung besorgen wird. In der Zwischenzeit könnte ich ins Frauenhaus gehen. Ich erwiderte meine Zweifel. Sie sagte: Nein, geh dorthin, du brauchst nicht getrennt sein, das hast das falsch verstanden. Ich habe dann im Frauenhaus angerufen, die haben mir einen Termin gegeben, und ich bin zur Beratung gegangen, bis ich ins Frauenhaus kommen konnte.

Irena, *26 Jahre, sie wurde von einem Mann vergewaltigt, den sie gerade kennengelernt hatte. Sie wandte sich an das Frauenzentrum, um an Beratungsgesprächen teilzunehmen.*

Irena: Ich habe mit dem Zentrum *Gewalt gegen Frauen* 1993 das erste Mal Kontakt aufgenommen, weil ich eine Vergewaltigung erlebt habe. Mir war folgendes passiert. Ich lernte einen Mann kennen. Zwischen uns entwickelte sich ein gegenseitiges Interesse und irgendwie zog er mich an, aber gleichzeitig spürte ich etwas Gefährliches von ihm ausgehen, etwas unfaßbar Schmieriges, Dreckiges. Ich kannte den Typen nicht, fühlte mich aber von ihm angezogen und gleichzeitig seine Unruhe. Er machte mir ein wenig Angst. Ich war damals anders, vertraute mich schnell anderen an und dachte niemals an eventuelle Gefahren, oder, daß mir etwas zustoßen könnte.
Also, ich war in einer Kneipe und habe mich mit dem Mann unterhalten. Dann bin ich zu ihm ins Auto gestiegen, jedoch machte

mich die Art wie er mich anschaute nervös. Ich sagte ihm dann, wir sollten im Zentrum bleiben aber er wollte aus der Stadt raus. Wir sind in eine andere Gaststätte, haben viel geredet, und er wollte mich schließlich nach Hause begleiten. Über viele Umwege, Straßen außerhalb der Stadt und Schleichwege hat er mich dann nach Hause gebracht, während der Fahrt hatte ich ein beklemmendes Gefühl, das sich dann aber in ein paar zärtlichen Momenten wieder beruhigt hat. Ich gab ihm meine Telefonnummer, und so dauerte es keine drei Tage, da verabredeten wir uns wieder für spät abends. Beim Pizzaessen sagte ich ihm dann, daß ich keine Beziehung zu ihm wollte. Er hatte allerdings den Wunsch, mit mir zusammenzusein, und wollte eine sexuelle Beziehung. Ja, wir haben uns dann in der Pizzeria gestritten. Ich muß noch erwähnen, daß sich meine Beziehung zu meinem damaligen Freund in einer Krise befand, ich fühlte mich in dieser Situation hin- und hergerissen. Ich sagte ihm, ich müsse mein Leben langsam ordnen und würde mich nicht danach fühlen, mit ihm zusammenzusein.
Er war einverstanden und sagte: „Gut, ich bringe dich nach Hause."
Da ich glaubte, es wäre ehrlich gemeint, bin ich mit ihm gefahren.
Wiederwartend, aber eigentlich hätte ich auf mein Gefühl gehört, wiederum ganz logisch, hat er mich natürlich nicht nach Hause gefahren. Ganz plötzlich drehte er seinen Wagen um und fuhr in die entgegengesetzte Richtung. Ich hatte keine Zeit mehr aus dem Wagen auszusteigen, da er mit voller Geschwindigkeit fuhr. Eine weitere Gelegenheit auszusteigen habe ich verpaßt, als er wegen den Kurven auf den Bolognesischen Hügeln sein Tempo drosseln mußte. Irgendwie dachte ich mir: Das erste Mal hat er mir nichts getan, jetzt wird es auch so sein. Er sagte: "Ich zeige dir jetzt eine wunderschöne Aussichtsstelle, dann bringe ich dich nach Hause." Ich fühlte mich ziemlich unruhig, aber dachte noch immer, es würde nichts passieren. Auf einem Parkplatz auf der Anhöhe, hat er dann völlig sein Verhalten verändert. Er ist komplett ausgerastet und gewalttätig geworden. Er hat mich angeschrien, daß er sich nichts aus meinen Entschuldigungen machen würde, ich wäre mit ihm ausgegangen, also wollte ich etwas von ihm, und außerdem hätten wir ja auch schon diverse Zärtlichkeiten ausgetauscht, und es wäre nun an der Zeit zum Kern

vorzustoßen... und wenn ich nicht freiwillig wollte, würde er mich mit Gewalt dazu bringen. Je mehr Widerstand ich leistete, umso schlimmer wurde es. In einigen Momenten habe ich versucht aus dem Wagen rauszukommen, aber er hatte die Tür verschlossen. Mit Fußtritten und Fäusten bekam ich sie nicht auf. Er zog mich mit Gewalt aus. Ich habe versucht, mit ihm zu reden, ihn zu überzeugen, aber... Ich war vier Stunden mit ihm in dem Auto. Nicht, daß er mich die ganze Zeit körperlich mißhandelt hätte. Tatsache war, ich hatte keine Waffe und konnte mich nicht verteidigen. Ich fühlte mich ihm gegenüber machtlos. Ich habe sofort seine körperliche Stärke gefühlt, und gleichzeitig meine Abneigung, meine Unfähigkeit. Er war nicht mehr zu halten. Ich hatte Angst, daß er mich umbringen würde. Ich sah schon mein Foto in der Morgenausgabe der Zeitung. Morgens hat er mich nach Hause gebracht. Ich konnte nichts mehr sagen, war wie ausgebrannt, tot. Das letzte was ich ihm sagte war, daß ich ihn anzeigen würde, worauf er erwiderte, er würde seine Methode haben, sich zu rächen, was ich wie eine Morddrohung aufgefaßt habe.

Als ich nach Hause kam, ging es mir schlecht, ich dachte, seit diesem Augenblick, sei ich innerlich abgestorben. Damals ist eine Angst in mir erwacht, die ich vorher nicht kannte, und mein Leben hat sich von dem Augenblick an radikal verändert.

Ich fühlte mich dreckig und schuldig, und machte mir Vorwürfe, warum ich mich mit ihm getroffen hatte, warum ich nicht sofort versucht hatte abzuhauen.

Nachmittags kam mein Freund zu mir, und hat mich völlig aufgelöst vorgefunden. Als ich ihm erzählte, was passiert war, hat mich seine Reaktion wirklich umgehauen: Er sagt: „Du hast es dir selbst gesucht, bist mit ihm rausgegangen. Du weißt, unsere Beziehung kriselt und du gehst mit einem anderen..."

Ich fühlte mich noch schuldiger. Die Beziehung zu meinem Freund ist dann ganz kaputt gegangen.

Kurze Zeit später fingen die Telefonanrufe an, der Typ rief mich ständig an. Irgendwann habe ich dann nicht mehr den Hörer abgenommen. Manchmal passiert es mir auch heute noch, daß ich Angst habe, wenn das Telefon schellt, daß er es sein könnte.

Nach diesem Erlebnis habe ich dann Kontakt mit der Beratungsstelle des Frauenzentrums aufgenommen und habe mit den Beratungsgesprächen angefangen.

Maria, *39 Jahre, hat einen Sohn, mit dem sie in einer gemeinsamen Wohnung lebt.*

Maria: Mein Mann ist Kolumbianer. Ich habe ihn in Nicaragua kennengelernt, als ich dort für zwei Jahre für die Sandinisten arbeitete. Er gehörte einer linken Organisation in Kolumbien an, mußte aus seinem Land fliehen und hatte sich in Nicaragua niedergelassen. Die Beziehung zwischen uns wurde immer besser, und so haben wir in Nicaragua zusammengelebt und gemeinsam entschieden, ein Kind zu bekommen. Ich wollte ein Kind haben, selbst, wenn ich es alleine großziehen müßte.
Gemeinsam haben wir uns dann entschlossen nach Italien zu gehen. Als wir hier ankamen, hatte ich Probleme mit meiner Wiedereingliederung, aber auch er hatte Probleme mit seiner Integration. Unsere Situation hatte sich verändert. Wir wohnten im Haus meiner Eltern. Während wir in Nicaragua zwei Leute in einem fremden Land waren, war ich hier Zuhause. Er beneidete mich um den warmen Empfang, der mir von meinen Freunden bereitet wurde.
Nach einer Zeit hatte ich das Gefühl, daß er sich gar nicht einleben wollte. Er blockte alles ab und fing an, alles zu kritisieren, was ich für Nicaragua machte. Auf einmal wollte er, daß ich mich für Kolumbien einsetzen sollte. Am Anfang bin ich auf seine Forderungen eingegangen, weil ich mich auch ein bißchen schuldig fühlte. Ich hatte ihn hierher geholt, hatte ihm den Flug bezahlt und er konnte mit seinem Touristenvisum nicht arbeiten. Diese Situation war im Großen und Ganzen noch erträglich, denn ich hegte immer noch die Hoffnung, diese Schwierigkeiten bald zu überwinden.
Das Kind wurde geboren, und wir waren beide sehr glücklich darüber. Aber die Schwierigkeiten gingen weiter. Sein Visum war ein Problem, er mußte es alle paar Monate verlängern lassen. Als wir es zum vierten, fünften Mal verlängern mußten, verweigerten sie beim

Ausländeramt den Antrag. Wir haben dann Hals über Kopf geheiratet und die Heiratsurkunde ins Ausländeramt gebracht, wo sie ihm eine neue Aufenthaltsgenehmigung ausstellten. Ich hätte bestimmt niemals geheiratet, aber dies war die einzige Möglichkeit für ihn, in Italien zu bleiben.

Jetzt wurden die Probleme zwischen uns massiver.

Mit seinem neuen Visum bekam er auch eine Arbeitserlaubnis und machte sich auf Arbeitsuche, fand aber nur Hilfsarbeiterjobs. Da er studiert hatte, fühlte er sich und seine Fähigkeiten nicht ausgelastet, er betrachtete sich immer mehr als Opfer. Gleichzeitig traten bei mir in der Familie Probleme auf. Mein Bruder hatte einen Unfall und lag schwerverletzt für ein Jahr im Krankenhaus. Meine Eltern konnten mir nicht mehr mit dem Kind helfen. Also habe ich ihn gefragt, ob er mir das Kind ab und zu abnehmen könnte. Er half mir dann, wenn er Lust dazu hatte, aber nicht, wenn ich es gebraucht hätte. Wenn er sich mit seinen Freunden verabredete, ließ er mich mit dem Kind sitzen, selbst als ich mit 39°C Fieber im Bett lag. Ich habe ihm gesagt, daß das so nicht mehr ginge. Wenn er ohne Verpflichtungen leben wollte, sollte er sich eine andere Wohnung suchen. Er drehte den Spieß um und meinte, ich solle aus dem Haus raus. Dies waren alles noch Paarprobleme. Wir stritten uns ab und zu, und wir vertrugen uns dann wieder. Irgendwann haben wir dann entschieden, uns zu trennen. Wir wollten uns im gegenseitigen Einverständnis trennen, und haben uns darauf geeinigt, daß er ein Wochenende rausgeht und ich auf das Kind aufpasse, und dann umgekehrt. 1991 haben wir uns dann entschieden, einen getrennten Urlaub zu machen. Zuerst sollte ich mit dem Kind fahren, weil ich im Juni Ferien hatte, dann er im August.

Ich hatte meine Ferien gut organisiert und wollte mit meinem Sohn nach Kuba fliegen. Am Abend vorher sagt er mir plötzlich, ich könne das Kind nicht mit in die Ferien nehmen. Ich sollte es bei meiner Mutter lassen. Er hätte keine Zeit auf ihn aufzupassen. Er wolle in den 15 Tagen die Beziehung zu meiner Familie wieder aufbauen. Ich sagte ihm, es ginge nicht, ich hätte das Flugticket schon in der Tasche, alles andere sei auch schon organisiert, ich würde trotzdem fahren. Er sagte: „Wenn du fährst, zeige ich dich bei der Polizei an.“

Ich dachte, wenn man streitet, bedroht man den anderen, ohne daß man es unbedingt wahrmacht. Also morgens bin ich dann mit meinem Kind zum Flughafen gefahren. Er war bei der Arbeit. Als ich am Flughafen Malpensa ankam, gerieten wir in einen Polizeiblock. Sie haben alle Leute angehalten, die nach Kuba wollten. Ich dachte, es wären Routineuntersuchungen. Sie haben mich angehalten und obwohl alle meine Papiere in Ordnung waren, haben sie mich nicht fliegen lassen. Ich habe dann mit dem Kind Ferien in Ligurien gemacht und bin zum abgemachten Zeitpunkt zurückgekommen. Die Spannung stieg ins Unermeßliche. Wir stritten uns immer öfters. Während einem dieser Streits hat er mich geschlagen, mich krankenhausreif geschlagen. Ich habe es einfach nicht geschafft, darauf zu reagieren. Es war das erste Mal in meinem Leben, daß ich im Krankenhaus war. Er hatte mir mein Gesicht zerschunden.
Wegen einer Nichtigkeit hat er auf mich losgeschlagen, ohne Beherrschung. Dann sagte er: „Jetzt weißt du, wer die Hosen an hat!" Dann hat er sich in aller Ruhe ins Bett gelegt. Er war morgens, er war von einer seiner Nachttouren zurückgekommen.
Ich nahm mein Kind in den Arm, das total geschockt schrie, und versuchte es zu beruhigen. Dann rief ich Freunde von mir an, ob sie mich abholen und ins Krankenhaus fahren könnten. Fünf Tage lag ich dann im Krankenhaus.
Nach diesem Ereignis ist mir richtig bewußt geworden, daß ich mich dort, in seiner Nähe, nicht mehr sicher fühlen konnte. Eine bestimmte Art von innerer Kontrolle, die ich vorher hatte, ist verloren gegangen. Von meiner Familie konnte ich keinen um Hilfe bitten. Mein Bruder hat sich total aus unserer Beziehung herausgehalten. Meine Mutter wußte nicht, wie sie reagieren sollte. Sie hat auch die Polizei angerufen, aber die haben nichts gemacht. Also habe ich mich an das Frauenhaus gewandt.

Im Frauenhaus

Wie auch in Deutschland, ist das eigentliche Frauenhaus entstanden, um den Frauen, die sich in extremen Situationen befinden, einen sicheren Unterschlupf vor der Gewalt des Partners oder des

Ehemannes zu bieten, besonders in den Phasen der Trennung, indem die Gewalt sehr häufig eskaliert. Es ist ein Ort, wo die Frau mit Ruhe entscheiden kann, welchen Weg sie für die Zukunft einschlagen will. Gleichzeitig kann sie die gefühlsmäßige und finanzielle Trennung von ihrem Partner erproben und ihre Selbständigkeit erlernen.

Ilisa: Die Frau, Italienerin oder Ausländerin, wird mit ihren Kindern im Frauenhaus aufgenommen, nachdem sie mit dem Zentrum Kontakt aufgenommen und ein oder mehrere Beratungsgespräche geführt hat. Wenn über die Möglichkeit entschieden wird, ob die Frau ins Frauenhaus geht, erfolgt ein Gespräch mit zwei Mitarbeiterinnen, die Kontaktperson, mit der die Frau bis dahin gesprochen hatte und die Mitarbeiterin, die für's Frauenhaus zuständig ist. Unter anderem wird der Frau in diesem Gespräch erklärt, wie das Haus strukturiert ist, in welches Wohnverhältnis sie unterkommt und wieviele andere Frauen und Kinder sich zur Zeit im Haus befinden. Sie wird mit den Hausregeln vertraut gemacht, bei denen die Geheimhaltung der Adresse des Hauses, die Sicherheit und der Schutz der Frauen, die sich im Haus befinden, die wichtigsten sind.
Die meisten Frauen verstehen die Notwendigkeit dieser Regeln, da sie auch schon aus ihrer eigenen Gewalterfahrung heraus begreifen. Innerhalb des Hauses regeln die Frauen das Zusammenleben untereinander. Jede setzt ihre Arbeit fort und kümmert sich um ihre Kinder. Die Beratungsgespräche werden auch während der Zeit im Haus ein bis zweimal wöchentlich mit der Mitarbeiterin fortgesetzt.
Im Frauenhaus kommt eine Mitarbeiterin jeden Tag für einige Stunden vorbei, um so die auftauchenden individuellen oder kollektiven Probleme gemeinsam mit den Bewohnerinnen zu lösen.
In einer Hausversammlung, die einmal wöchentlich stattfindet, redet, analysiert und reflektiert man über die verschieden Problematiken des Zusammenlebens, und der Erfahrungen der einzelnen Frauen , aber man diskutiert auch über andere frauenpolitische Themen.
Ab und zu werden kleine Feste oder Geburtstage gefeiert, oder man geht mal zusammen ins Kino, ins Theater oder ins Schwimmbad. Das sind dann die Höhepunkte des Zusammenlebens.

Oft sitzen die Frauen aber abends zusammen, reden miteinander und tauschen ihre Erfahrungen aus. In diesen wichtigen Momenten erkennen sie, nach einer langen Zeit der Isolation in ihren Beziehungen, daß sie nicht die einzigen sind, die Gewalt erfahren haben. Die Kinder, die mit der Mutter ins Frauenhaus kommen sind oft auch direkt, oder indirekt von der Gewalt im Elternhaus betroffen. Für sie ist der Wechsel von der alten Wohnung, den Gewohnheiten, dem Vater ins neue Haus genauso schwierig, wie für die Mutter. Manchmal müssen sie die Schule oder den Kindergarten wechseln, um sich vor der Wut des Vaters zu schützen. In dieser Situation ist es wichtig, ihnen zu erklären, was um sie herum passiert. Man kann aber im Allgemeinen sagen, daß die Kinder nach einem Moment der innen Verwirrtheit, die beschützende Umgebung wertschätzen und gute Beziehungen zu den anderen Kinder, die im Haus leben, aufbauen. Im Frauenhaus wird im eigentlichen Sinne keine Kinderarbeit angeboten, sondern die Mitarbeiterin entlastet ab und zu die Mutter, in dem sie etwas mit den Kindern unternimmt.

Nina: In den Gesprächen bevor ich ins Frauenhaus ging, hatten mir die Mitarbeiterinnen schon gesagt, daß im Haus zwei andere Frauen wohnen, und ich ein Zimmer für mich und meine Kinder bekäme. Dort wären wir sicher, und mein Mann würde uns dort nicht finden. Sie haben mir die Hausregeln erklärt, die wichtigste ist, die Adresse auf keinen Fall weiterzugeben.
Als ich im Frauenhaus ankam, merkte ich, daß die Wohnung relativ nah an meiner ehemaligen war. Erstmal war das ein ziemlicher Schock für mich. Die Situation wurde durch dieses Handicap noch erschwert. Schon das Einkaufen wurde so zur Gefahr. Die Kinder sind eine Woche lang nicht zur Schule gegangen. Und schließlich ist mein Mann dann noch zur städtischen Sozialarbeiterin gegangen, und hat dort ein großes Durcheinander provoziert.
Er wußte, daß ich zur Sozialarbeiterin gehen und ihr erzählen mußte, daß ich sein Kind nicht entführen wollte, sondern mich vor ihm, meinen Mann in Sicherheit gebracht hatte.

Ich wollte eine Zeit alleine sein, ohne ihn zu sehen und ohne mit ihm zu diskutieren. Er hat natürlich versucht herauszubekommen, wo ich mich befand, aber niemand hat ihm etwas gesagt.
Die ersten zwei Wochen im Frauenhaus waren die schlimmsten, weil wir uns wirklich verstecken mußten. Ich bin fast überhaupt nicht vor die Tür gegangen, und wenn, dann mit sehr viel Angst. Wir haben auch die Schulzeiten der Kinder geändert. Meine älteste Tochter hat uns einen speziellen Stadtplan gemacht, worauf die verschiedensten Wege mit Fluchtwegen eingezeichnet waren. Die Mitarbeiterinnen halfen uns sehr in der ersten Zeit, indem sie die Kinder zur Schule brachten und wieder abholten. Auch die Lehrer haben uns geholfen. Als er versuchte das dritte Mal die Kinder aus der Schule zu holen, haben sie gesagt: „Sie werden hier nicht als Vater der Kinder geführt, und haben dementsprechend nicht das Recht die Mädchen abzuholen."
Ich habe dann eine Anzeige gegen ihn beim Jugendgericht eingeleitet. Hier hatte ich natürlich auch Probleme, meine Adresse nicht zu sagen. Später haben sie es dann akzeptiert, und mir Zeit gegeben, eine Wohnung zu suchen, und die Situation in Ordnung zu bringen.
Die städtische Sozialarbeiterin bemühte sich, an der Familienzusammenführung zu arbeiten. Ich habe an drei oder vier Treffen zusammen mit ihm bei der Sozialarbeiterin oder beim Psychologen teilgenommen. Am Anfang verstanden sie nicht, warum ich mich so auf meine Position versteifte, nicht mehr zu ihm zurückzugehen zu wollen.
Sie sagte, er wäre kein Psychopath, nur unsere Beziehung sei ein wenig krank. Also versuchten sie mich mit allen Mitteln davon zu überzeugen, wieder zu ihm zurückzugehen. In dem Fall wäre mein Mann unter der Kontrolle der US geblieben. Sie hätten ihm Beruhigungsmittel und anderes gegeben. Ich wußte, daß sie mir noch so viele Sachen garantieren können, aber wenn sich die Tür unserer Wohnung schließt und ich mit ihm alleine bin, dann garantiert keiner dafür, was passiert. Auch wenn die Sozialarbeiter und Psychologen total von ihrer Meinung überzeugt waren, so wich ich von meiner Position nicht ein Millimeter ab. Im letzten Gespräch ist dann ein wenig davon herausgekommen, was er mit meiner Tochter gemacht

hat. Die Psychologin hat sofort begriffen, und gesagt, daß es unmöglich sei, diese Familie wieder zusammenzuführen und die Sozialarbeiterin sollte mich mit meinen Kindern als eine eigenständige Familie behandeln.
Im Frauenhaus waren zwei andere Frauen, eine Marokkanerin ohne Kinder und eine Frau aus Srilanka mit ihren Söhnen. Jede hatte ihr eigenes Zimmer. Mir haben sie das größte gegeben, da wir zu viert waren. Es hat uns wirklich gut gefallen. Es war auch das erste Mal, daß ich mit anderen Frauen zusammenlebte, und es gab keine Probleme unter uns.
Antonella, die Frau aus Srilanka, ist fast sofort wieder ausgezogen, also ich bin Freitag angekommen und am Montag ist sie gegangen.
Und dann war ich mit Fatima, dem marokkanischen Mädchen, alleine.
Es hat sich eine ganz tolle Freundschaft entwickelt, wir sehen uns jetzt noch öfter.
Die Zeit im Frauenhaus war für mich ganz wichtig. Ohne, daß einer es gewollt hatte, kamen wir drei alle aus einem anderen Kontinent. Drei verschiedene Kulturen, die sich begegneten, und alle hatten wir auf ähnliche Weise Gewalt erfahren.
Es tat mit sehr leid und ich litt richtig, als die Frau aus Srilanka wieder zu ihrem Mann zurückgegangen ist. Es reichten die zwei Tage, um zu verstehen, daß ihr Leben viel zerstörter war, als meines. Auch ihre Söhne behandelten sie sehr brutal. Es ist schwer zu akzeptieren, aber für sie war es wahrscheinlich schon sehr viel, für eine Woche von ihrem Mann wegzugehen. Ich habe dann erfahren, daß es ihr wieder ganz schlecht ergeht, aber sie ist nicht mehr ins Frauenhaus gekommen.
Fatima habe ich sehr gerne gemocht. Wir haben viele Probleme zusammen durchgestanden. Die Kinder hatten totalen Spaß mit ihr, waren richtig ausgelassen. Sie beschäftigte sich mit ihnen, verkleidete sich und die Kinder mit ihren Kleidern aus Marokko. Fatima war eine ganz fröhliche Person und hat alle durch ihre positive Stimmung mitgerissen. Aber es ist mir auch passiert, daß ich nachts um 3 Uhr wach wurde, und ich sie laut schluchzen hörte. Wir haben uns dann gegenseitig getröstet. Das war für uns beide sehr wichtig und bestärkend, auch wenn wir ganz verschiedene Erfahrungen haben.

Die Mitarbeiterinnen, es waren oft zwei, kamen praktisch jeden Tag um zwölf oder halb eins, um mit uns zu reden. Einmal in der Woche hatten wir eine richtige Hausversammlung, wo wir miteinander diskutieren konnten. Man suchte sich ein Thema aus, mit dem man sich befassen wollte, oder auch Probleme, die im Zusammenleben auftauchten. Wir hatten wirklich keine Probleme miteinander. Was man in diesen Hausversammlungen besprach, wurde schriftlich festgehalten, um später noch einmal darauf zurückgreifen zu können. Nach ca. einem Monat ist Fatima ausgezogen, weil sie eine Arbeit und eine kleine Wohnung gefunden hatte. Statt dessen kam Gabriella, eine Italienerin, ohne Kinder. Mit ihr habe ich dann den Rest der Zeit zusammengelebt.

Als ich ins Frauenhaus kam, wußte ich nicht, wie ich finanziell über die Runden kommen sollte. Ich hatte mir zwar alles Geld, das ich noch hatte, von der Bank geholt, aber das war nicht so viel. Durch den Markt hatte ich auch kein festes Einkommen. Ich habe mir dann die ganze Situation mal überlegt, und festgestellt, daß die Lizenz und der Stellplatz alles auf meinen Namen lief, daß das alles meines war. Finanzielle Hilfe von der Stadt gibt es nicht, aber man kann es trotzdem schaffen. Ich hatte keinen festen Lohn in der Tasche, und wir waren zu viert. Nach anderthalb Monaten hatte ich mir meine Lizenz wieder von ihm geholt, und er hat mir den Sonnenschirm gegeben, aber ohne Ware, nur den Schirm. Den ersten Marktag habe ich mit zwei Campingtischen gemacht. Ich hatte wenig zu verkaufen. Ich konnte im Haus wohnen und hatte nur geringe Ausgaben, und so habe ich es ganz langsam geschafft, etwas Geld zu Seite zu legen. Das Frauenhaus hat mir noch Geld geliehen, so daß ich die Kaution für meine neue Wohnung bezahlen konnte.

Ich bin drei Monate im Frauenhaus geblieben. Das ist die Höchstgrenze, die eine Frau im Haus bleiben kann. Für mich war das sehr wenig Zeit, denn es hat mich dazu gezwungen, mir in einer äußerst schwierigen Situation, dringend eine Wohnung zu suchen. Nachdem ich zweieinhalb Monate im Frauenhaus wohnte, und noch nichts gefunden hatte, habe ich um eine Verlängerung gebeten. Sie hatten mir zwei weitere Monate zugestanden, wohl auch weil ich drei kleine Kinder hatte, und mich aktiv bemühte, meine Situation zu verändern.

Ich hatte wieder angefangen, auf dem Markt zu arbeiten. Das Problem war, wie ich ins Frauenhaus kommen konnte, ohne, daß er entdeckte, wo ich wohnte. So hatte ich ein System entwickelt, mehrere Wagen zu wechseln. Den Wagen haben wir 500m vom Haus entfernt geparkt. Aber trotz aller Vorsichtsmaßnahmen hätte er uns dreimal fast gefunden.
Nach einiger Zeit hatte ich ihn schon irgendwie in der Hand durch die Anzeige beim Jugendgericht, wegen des Mißbrauchs an Laura. Meine Anwältin hat sich dazu alle Details geben lassen, wie oft er uns geschlagen und mißhandelt hat. Das letzte Mal hat er mich auch in der Öffentlichkeit geschlagen und es gab Zeugen. Danach hat er wohl Angst bekommen und ist ruhiger geworden, auch stand er fast die ganze Zeit unter Beruhigungsmitteln.
Um herauszufinden, wo wir waren, hat er sich wirklich tolle Sachen geleistet. Einmal ist er Sonntags zum Frauenberatungszentrum gegangen, weil er glaubte, daß wir dort wohnen würden. Er hat versucht durch das Fenster einzudringen. Die Nachbarn, die den Vorfall beobachteten, haben die Polizei benachrichtigt. Ein anderes Mal hat er sich als Arzt ausgegeben, und wollte Informationen im Zentrum erfragen. Er hat das gemacht, was die anderen Ehemänner auch machen.
Nachdem ich mich einmal entschlossen hatte, von ihm wegzugehen, habe ich nie mehr daran gedacht, zu ihm zurückzukehren. Vielleicht zurück nach Argentinien, aber zu ihm nie. Mit dieser Frage bin ich oft konfrontiert worden, seitens seiner Eltern oder der städtischen Sozialarbeiterin. Er selbst fragte mich immer wieder. Aber da bin ich mir ganz sicher: Mit ihm nicht!
Zum Frauenhaus möchte ich noch sagen, daß ich wirklich Glück und die Kraft hatte, alleine weiterzugehen, aber ich weiß, daß viele Frauen sie nicht haben. Ja, und warum? Sie sind wieder gezwungen zurückzugehen. Das ist das, was mich fürchterlich erschreckt.
Was im Frauenhaus fehlt, ist eine größere Hilfe bei den Kindern. Ich habe das mit meinen, aber auch mit anderen Kindern gesehen.
Wir Frauen kommen in einem total aufgelösten und verstörten Zustand ins Haus. Wenn wir ankommen, können wir einfach nicht mehr. In diesem Augenblick fühlen die Kinder ein großes Unbehagen,

sie fühlen sich nicht wohl in ihrer Haut, denn sie verstehen überhaupt nicht was passiert.
Für meine Kinder war es klar, daß sie mit meinem Mann nicht zusammen sein wollten. Aber der Kleine war völlig außer sich: Er heulte, schrie, war aggressiv. Er brauchte dringend jemandem, der sich intensiv um ihn kümmerte. Ich habe das auch mit anderen Kindern erlebt. Es müßte eine geeignete Person da sein, die sich nur um die Kinder kümmert, mit ihnen spielt, oder auch zu ihren Erfahrungen arbeitet, eine Person, die sie in dieser Zeit begleitet. Die Mütter sind damit überlastet.

Tania: Im Frauenhaus habe ich mich eigentlich nie unwohl gefühlt, nur habe ich, als ich ankam das ganze Haus von oben bis unten geputzt. Ich habe verstanden, daß hier Frauen wohnten, die keinen großen Respekt gegenüber diesem Ort hatten. Ich habe eine andere Sichtweise: Eine Sache, die für alle ist, muß respektiert werden.
Ich bin ins Frauenhaus gekommen und praktisch für mehrere Tage nicht auf die Straße gegangen, weil ich zu große Angst hatte, diesen Menschen zu treffen. Ich bin nur rausgegangen, um zur Arbeit zu gehen. Das war alles.
Ich wußte, daß er zu meiner Wohnung kam, denn er hinterließ immer wieder Nachrichten. Meine Schwester holte für mich die Post und eben auch seine Nachrichten ab. Ich wußte also, was er machte, und wo er war, aber er hatte keine Idee, wo ich mich befinden könnte. Ich hatte ihn mal meiner Meditationsgruppe vorgestellt – ich bin Buddhistin – und er hat sich natürlich an sie gewandt. Da sie auch nicht wußten wo ich war, konnten sie nichts verraten. Ich habe währenddessen die Gruppe gewechselt, um gegenüber mir, aber auch gegenüber ihnen korrekt zu sein. Später habe ich ihnen dann erklärt, was passiert war.
Er hat auch meine Mutter bedroht, aber sie wußte nichts, konnte also nichts sagen. Nur meine Schwester hatte die Telefonnummer. Meine Mutter hat richtig gut reagiert. Als er sagte, er würde jetzt vorbeikommen, und dann würde es Ärger geben, sagte sie, sie würde die Polizei anrufen. Er hat sich gut überlegt, nicht vorbeizukommen.

Ansonsten bin ich weiterhin zur Arbeit gegangen. Meine Arbeitskollegen habe ich in mein Problem eingeweiht. Meine Arbeit lag allerdings in dem Viertel, wo ich wohnte. Ich arbeitete in verschiedenen Kindergärten. Ich hatte im Büro Bescheid gesagt, sie sollen auf keinen Fall jemandem sagen, wo ich arbeite. Morgens zur Arbeit bin ich mit dem Fahrrad gefahren, weil es mir mit dem Bus zu gefährlich erschien. Die erste Zeit ging ich mit Sonnenbrille, Kopftuch und einer Perücke los, weil ich riesengroße Angst hatte, ihm zu begegnen.
Ich war drei Monate im Frauenhaus. Ich bin mir während dieser Zeit über eine Realität bewußt geworden, die man von Außen nicht sieht, nicht sehen kann. Die Leute erfahren und ertragen Gewalt, die nur selten ans Licht kommt. Ich selbst habe solche Situationen erlebt, Ängste gehabt, die ich vorher nicht kannte. Unabhängig von meinen eigenen Erfahrungen, habe ich gesehen, daß es diese Formen des Leidens auch bei anderen Frauen gibt, und viel häufiger, als man sich das vorstellt. Ich merke, daß es einer großen Verantwortung bedarf, damit sich die Dinge positiv für die Frauen entwickeln können. Da ist diese Furcht, eine tiefe Angst, die die Dinge immer zu verschleiern versucht. Wenn keine äußeren Möglichkeiten geschaffen werden, werden auch in der Zukunft viele Menschen nicht aus ihrer Gewaltsituationen herauskommen.
Die anderen Frauen kennenzulernen, ihre Geschichten zu hören, ihre Leiden zu sehen, das war für mich eine Entdeckung, keine positive, denn Anblick des Leidens ist nie positiv, aber ich denke, es ist wichtig, daß diese Dinge raus an die Öffentlichkeit kommen, und die Leute mehr darüber erfahren.

Audrey: Am ersten Abend hier im Frauenhaus war ich noch ein wenig traurig. Es war auch das erste Mal, daß ich von zu Hause wegging, und es tat mir ein wenig leid mein Haus verlassen zu müssen, meinen Mann, doch das Gefühl ist ganz schnell wieder verschwunden, denn es ging einfach nicht mehr.

Anna Maria: eine Mitarbeiterin hat mir ein paar Tage zuvor gesagt, daß am 1. Juli ein Platz im Haus frei wird. Ich habe dann schon einige

wichtige Sachen zusammengepackt, wie die Pässe und Dokumente, die Aufenthaltsgenehmigung für mich und meine Kinder. Am morgen des letzten Tages habe ich Anselmo gesagt er solle bei der Kirche auf mich warten, und mir helfen, die Sachen wegzubringen. Ich habe ihm dann gesagt: „Wir gehen in ein neues Haus, hierher kommen wir nicht mehr zurück.“ Alessandro war noch in der Schule. Mein Mann mußte um 6 Uhr weg. Ich bin dann um 2 Uhr gegangen.
Die Kinder waren sofort sehr zufrieden. Als Anselmo und Alessandro kamen, sagten sie: „Was für ein schönes Haus, und mit Fernsehen...“
In den ersten Tagen hat er mich gesucht. Er ist auch zum Zentrum, zur Beratungsstelle gekommen, und hat sich als städtischer Sozialarbeiter ausgegeben, der Informationen über ausländische Frauen haben wollte. Die Mitarbeiterinnen haben gesagt, daß sie vor allem keine ausländischen Frauen im Augenblick haben, und ansonsten nichts wissen.
Den zweiten Sonntag sind die Kinder zu ihm gegangen. Sie wollten ihn sehen. Aber es ist nur Anselmo zurückgekommen. Alessandro ist bei ihm geblieben. Abends spät hat er Alessandro genommen und hat gesagt: „Wir fahren jetzt zu dem Haus, wo deine Mama ist.” Sie sind gekommen. Er hat sich Alessandros bedient, um uns die Nachricht überbringen zu lassen: „Gibt mir alle meine Kinder, sonst komme ich und mache Ärger.“
Agostina und Paola, meine Mitbewohnerinnen, und ich sind runtergegangen. Ich habe zu Anselmo gesagt, er solle zunächst zu meinem Mann nach Hause gehen. Alessandro war schon wieder in seinem Wagen. Er lud mich ein, mich in seinen Wagen zu setzen, ich sage: “Nein danke, ich nehme ein Taxi.” Und wir fuhren zu seiner Wohnung. Ein Onkel von ihm war da und versuchte mich zu überreden. Ich sagte: “Ich schlafe da, wo ich zur Zeit lebe. Wenn er sich hinreißen läßt, noch einmal zur Wohnung zu kommen, dann gibt es eine Anzeige, aber eine ganz kräftige.” Dann bin ich mit dem Taxi wieder zurückgefahren.
Anselmo ist morgens sofort wieder zurückgekommen, und hat gesagt: „Dort gibt es nichts zu essen!“
Gegen 9 Uhr bin ich zu meiner ehemaligen Wohnung gefahren, um Alessandro zu besuchen. Er ist der jüngste von meinen Kindern. Er

saß da und spielte. Als ich wieder gehen wollte, sagte er: „Mama, kannst du mir Geld geben?“ Mein Mann saß da zusammen mit seinem Onkel. „Komm nach draußen,“ sagte ich, und habe ihm vor der Tür 1.000 £ gegeben. Dann habe ich ihn mir geschnappt, und bin abgehauen und habe ihn zurück ins Frauenhaus gebracht.
Das Leben im Haus war ziemlich ruhig. Ich war fast den ganzen Tag nicht da. Morgens war ich früh draußen, wegen der Arbeit, kam um 14 Uhr wieder, um 16 Uhr ging ich noch mal weg, bis ca. 22 Uhr abends. Sonntags ging ich in einer Konditorei arbeiten. In den Ferien habe ich Alessandro bei einer Familie untergebracht. Ich war ja die ganze Zeit nicht da. Anselmo ist schon größer und war in den Ferien im Kindersommerlager.
Mit den anderen Frauen habe ich mich gut verstanden. Leider habe ich nichts mehr von Agostina gehört, sie hat sich, nachdem sie aus dem Haus ging, nicht mehr gemeldet.
Im Ganzen war ich auch nur ein wenig mehr als einen Monat im Frauenhaus. Das städtische Sozialamt konnte mir eine Wohnung vermitteln. Da sind wir dann hingezogen.

Irena: Nachdem ich Kontakt mit dem Zentrum aufgenommen hatte, bin ich hierher gekommen und habe angefangen, mit einer Mitarbeiterin persönliche Beratungsgespräche zu führen. Diese Gespräche haben mir viel geholfen, ich hatte eine Menge Schuldgefühle für das, was passiert war.
Während der Beratungsgespräche hat die Mitarbeiterin nie irgendwelche Beurteilungen der Situationen abgegeben. Sie hörte einem zu und das was passiert war, wurde wie eine Sache behandelt, die leider immer wieder passiert, vielen Frauen passiert. Ich war absolut frei, zu entscheiden, was ich machen wollte. Egal welche Entscheidung ich fällen würde, sie würde sie akzeptieren. Das wichtigste war, zu schauen, was mir hilft, damit es mir besser ging. Das heißt nicht unbedingt eine Anzeige. Meine Mitarbeiterin hat mir soviel Zeit gegeben, wie ich brauchte, um mich zu entscheiden. Aus Angst habe ich ihn dann nicht angezeigt, ich fühlte mich nicht stark genug. Es wäre auch eine Anzeige gegen Unbekannt gewesen, denn ich wußte ja nichts über ihn, außer den Namen, der vielleicht falsch war. Ich

hatte nur den Namen, nicht den Nachnamen, das war alles. Er ist Ausländer, deswegen war es noch schwieriger.
Ich hatte auch Angst, daß sie ihn finden könnten, und er mir nochmals was antun würde. Auch fühlte ich mich nicht in der Lage in einem Prozeß öffentlich nochmals darüber zu sprechen. Ich war ja mit ihm ausgegangen, die Leute hatten mich gesehen. Die zweischneidige Situation führte dazu, daß ich mich mitschuldig fühlte. Und wenn man sich auch traut, sich auf den Prozeß einzulassen, und er gewinnt, wäre das wie eine zweite Gewalt gegen dich, vielleicht sogar noch stärker, weil ich dafür hätte kämpfen müssen, und keiner hätte mir geglaubt. Sie hätten mich angegriffen, anstatt ihn. Ich fühlte mich damals absolut nicht dazu in der Lage.
In den Monaten, in denen ich zu den Beratungsgesprächen ging, ist mir vorgeschlagen worden, mich mit anderen Frauen auseinanderzusetzen, eine Art Selbsthilfegruppe, bei der jede von ihren Erlebnissen erzählen kann, von den Gewalterfahrungen, und man sich gegenseitig wieder bestärkt. In dieser Zeit bildete sich gerade eine neue Frauengruppe, um sich mit diesen Themen auseinanderzusetzen. Einige Monate habe ich diese Gruppe besucht. Sie wurde von einer Mitarbeiterin des Frauenzentums begleitet. Danach haben wir uns entschieden, diese Gruppe alleine weiterzuführen. Eine Sache ist nach der anderen gekommen, irgendwann sind einige Frauen weggegangen, im Sommer haben wir uns dann wenig gesehen, die Gruppe hat sich aufgelöst, und wir sind gute Freunde geblieben.
Diese Selbsterfahrungsgruppe ist für mich sehr wichtig gewesen, ich würde nicht sagen, mehr als die Beratungsgespräche, aber wichtig als Fortsetzung.
Im Gespräch mit einer Mitarbeiterin hilft es dir, einige Sachen zu verstehen und Kraft zu schöpfen. Sich mit den Geschichten der anderen Frauen zu konfrontieren, und dann auch die eigene, noch mit einem Schamgefühl den anderen Frauen zu erzählen, da merkst du erst, wie wichtig es ist, daß andere dir zuhören, und daß viele Frauen ähnliche Erfahrungen gemacht haben wie du. Also bist du nicht normal. Wir waren uns gegenseitig eine große Stütze. Auch hier gibt es keine Beurteilung über dich und dem, was du erlebt hast. Es wird zugehört, auch diskutiert, wie man hätte andere Lösungs-

möglichkeiten finden können. Eine erkannte eine Situation besser als andere, konnte also so den anderen durch ihre Meinung andere Reflexionsmöglichkeiten geben. Diese Rollen sind natürlich austauschbar.

In der Gruppe habe ich die ganze Bandbreite von Gewalt erfahren: Das heißt Gewalt ist nicht nur das, was ich erlebt habe, sondern in ganz kleinen Unterschieden existiert sie im Alltag. Ich dachte, ich hätte die Gewalt erlebt, und vorher wäre nichts gewesen. Aber plötzlich habe ich angefangen zu sehen, wie weit die Gewalt schon vorher in meinem alltäglichen Leben vorkam, in vielen Situationen, vielleicht in einer ganz unscheinbaren Art und Weise. Also es war wirklich wichtig für mich zu lernen, was Gewalt für mich bedeutet? Wie gehe ich mit ihr um? Und wie schaffe ich es, mich nicht von ihr einfangen zu lassen?

Seitdem haben sich in meinem Leben verschiedene Sachen geändert. Außer der ersten Zeit, in der es mir wirklich schlecht ging – ich hatte auch meine Wohnung gewechselt – habe ich immer mehr das Bedürfnis gehabt, mich mit anderen Frauen auseinanderzusetzen. Ich habe angefangen, mich selbst mehr zu beachten und zu fühlen, und gemerkt, wo ich stehe und welchen Platz ich einnehmen kann. Meine Beziehungen zu Männern haben sich verändert. Ich setze sofort von Anfang an Grenzen, sage, welches meine Situation ist, und das, was ich in der Beziehung nicht will. Ich weiß nicht, ob das richtig ist, aber im Moment muß ich mich halt noch schützen. Am Anfang war das in neuen Beziehungen noch sehr schwer, denn meine Schuldgefühle verschwanden nicht von heute auf morgen. Ich versuchte meine Bedingungen klar zu machen. Das, was ich wollte und was nicht. Wenn ich Lust hatte zu reden, dann redete ich, wenn nicht, nicht. Ich konnte nur das geben, was ich hatte, das machen, was ich machen konnte. Wenn diese Person mich nicht verstand oder verstehen wollte, habe ich die Beziehung abgebrochen. Vorher war das anders. Also ich habe angefangen, mich mit meinen Bedürfnissen zuerst zu sehen und zu spüren.

Im Herbst, als sich die Gruppe auflöste, habe ich einen Selbstverteidigungskurs gemacht, der körperliche Übungen mit psychologischer Reflexion verbindet. Diese Arbeit, die ich jetzt noch mache, ist ganz wichtig, weil sie auf die Bewußtwerdung von Situationen hinarbeitet.

Im folgenden möchte ich einige Briefe und Gedanken von Frauen dokumentieren, die für nur kurze Zeit im Frauenhaus gewohnt haben.

29.6.92

Liebe Frauen,
heute ist mein letzter Tag im Frauenhaus. Wie ihr wißt, bin ich nicht sehr redselig, aber heute fühle ich mich verpflichtet, all das zu erzählen, was ich in dieser Zeit gefühlt habe.
Der Aufenthalt in diesem Haus ist sehr angenehm gewesen und vor allem möchte ich all denen danken, die für diesen Raum gekämpft haben. Somit haben Frauen die Möglichkeit ihre Probleme weniger dramatisch und schwer zu erleben.
Dieses Haus ist eine Oase, um Atem zu holen und zu überlegen, wie ich mein Leben in der Zukunft gestalten möchte.
Ich hoffe, daß andere Frauen die Wichtigkeit dieses Haus und des Zentrums nachempfinden können, um so die Möglichkeit der Demokratie und der Freiheit in der Beziehung zum anderen Geschlecht zu erweitern.

Paola

Diese letzten Tage hier im Frauenhaus sind voller Zärtlichkeiten und Lächeln meiner Mitbewohnerinnen. Den Mitarbeiterinnen im Haus kann ich nur sagen, daß sie mir die Möglichkeit gegeben haben, meine psychischen Blockaden zu überwinden und mich bewußter wahrzunehmen, indem ich mir sage: „Schau erst einmal, was gut für dich ist.“ Dies ist eine gute Sache, die mir hilft besser in mich zu schauen, und mir gleichzeitig den Mut gibt, mich mit Entschiedenheit mit meinen Problemen zu konfrontieren.
Als ich hier ankam, war ich eine Frau voller Angst und von meinem eigenen Leben entmutigt. Jetzt, wo ich aufbreche, fühle ich mich als

eine Frau, die klar in ihren Gedanken und Projekten ist, und bereit, das zu bekämpfen, was ihr im Wege steht. Ich bin nun richtig 'Frau' geworden, mit all dem , was es bedeutet, Ich gehöre jetzt mir.
Ich verabschiede mich jetzt von euch und nehme auf meinem Weg euer Lachen und eure Gespräche mit, aber vor allen Dingen bin ich glücklich, weil ich weiß, daß ich Freundinnen gefunden habe, auf die ich mich immer verlassen kann, weil sie auf meiner Seite sind.

Marie Chiara

29. 8. 93

Heute ist der Tag unserer Abreise aus dem Frauenhaus. Unter unsere verstehe ich meine und die von Natasha. Vor drei Monaten bin ich mit einem Berg von Problemen, die ich für unlösbar hielt, hier angekommen, ohne alles, nur mit meiner Angst beladen, es nicht zu schaffen, und mit wenig Selbstachtung. An mein Kind, das in meinem Bauch wuchs, dachte ich immer nur weinend, denn ich war davon überzeugt, daß ich ihr nichts Positives geben könnte. Jetzt, nachdem es geboren wurde und nah bei mir liegt, merke ich, wieviel Liebe ich geben kann, sowohl dem Kind, als auch mir selbst.
Ich habe viele Sachen verstanden, und eine der wichtigsten davon ist, daß ich es niemanden mehr erlauben werde meine Gefühle und meine Rechte mit den Füßen zu treten. Der Vater meines Kindes war der letzte, der es gemacht hat. Ich bin jetzt eine starke Frau, die mit erhobenen Kopf durchs Leben geht.
Heute gehen wir weg. Noch immer scheint es mir unwirklich, aber doch der Tag ist gekommen. Ich muß sagen, daß ich ein wenig Angst davor habe, wegzugehen, denn es bedeutet, ganz von vorne zu beginnen.
Ich wollte hier eine ganze Menge schreiben, aber meine Gedanken schaffen es nicht all das zusammenzufassen, was ich in dieser Zeit hier im Haus erlebt habe. Ich habe mich wirklich wohl gefühlt und ganz viele Frauen in meiner Nähe gehabt, die mir bis heute geholfen haben. Ich habe mich geliebt gefühlt, und diese Liebe ist die Grundlage, um all das zu konstruieren. Ich möchte allen danken, was sie in diesen drei Monaten für mich getan haben. Mit euch in meiner

Nähe konnte ich das wirkliche Konzept von Freundschaft und Respekt neu bewerten...
Es lebe das Frauenhaus und ein Hoch auf die Frauen, die so kämpfen, wie wir das machen.

Veronica und Natasha

31.1.94

Ich weiß jetzt schon, daß dieses Haus mir sehr fehlen wird. Hier habe ich Fröhlichkeit gefunden. Mir werden die Plaudereien und Feste mit den anderen Frauen fehlen, und selbst wenn es auch Momente der Traurigkeit und Melancholie gab, so habe ich mich immer aufgehoben und verstanden gefühlt.
Ihr seid okay! Danke für alles

Chiara

Nach dem Frauenhaus

Alle hier interviewten Frauen aus der Gruppe leben schon eine längere Zeit alleine oder mit ihren Kindern in eigenen Wohnungen. Mit einem neu entdeckten Selbstbewußtsein konfrontieren sie sich mit den alltäglich auftauchenden Problemen. Alle sind von der Richtigkeit ihrer Entscheidung, ihren Mann zu verlassen, überzeugt. Dies gilt vor allem für Maria, Nina und Audrey, die viele Jahre mit ihrem Partner zusammengelebt hatten. Für Tania ist klar, daß sie nie wieder etwas mit dem rumänischen Exfreund zutun haben möchte. Aber es beginnt für sie eine Zeit der Reflexion, in der sie über Gründe nachdenkt, warum sie in diese Situationen geraten konnte, und wieviel sie selbst daran beteiligt waren.
Irena mußte sich nach der Vergewaltigung mit ihrem Männerbild auseinandersetzen und hat für die Zukunft ihren 'Verhaltenskodex' geändert.

Nina: In der neuen Wohnung habe ich mich sofort richtig gut gefühlt. Es war wie ein lang ersehntes Aufatmen, besonders nach dem es so schwer war, diese Wohnung zu finden. Zwei Monate lang haben die Leute mir die Tür vor der Nase zugeschlagen. Nach nur einem Satz den ich sage, hört man sofort meinen ausländischen Akzent. Also Ausländerin, selbständige Arbeit, drei Kinder und ohne Mann reicht meist, daß die Leute dir die Wohnung nicht geben. Ich hätte vielleicht außerhalb von Bologna, auf den Hügeln ein Haus finden können, aber das war mir zu gefährlich. Die Häuser liegen alle ziemlich einsam, wenn mich mein Exmann da gefunden hätte, wäre ich ihm hilflos ausgeliefert gewesen. In der Stadt kann ich immer schnell einen Freund anrufen, oder die Sozialarbeiterin, aber in den Bergen war es mir zu einsam.

Mit viel Glück habe ich dann schließlich diese Wohnung gefunden. Es war das, was ich mehr oder weniger gesucht hatte.

Eines Tages, als wir schon in der neuen Wohnung wohnten, kam die städtische Sozialarbeiterin vorbei, um sich nach den Kindern zu erkundigen. Ich sagte zu ihr: "Ich habe ein fürchterliches Glück gehabt, diese Wohnung zu finden." Sie darauf: „Schau, es ist kein Glück, jeder bekommt das, was er verdient." Ein bißchen kleiner, wäre auch okay gewesen, wenn sie dafür ein bißchen billiger wäre. Aber ich genieße auch den Luxus einer eigenen Wohnung zusammen mit den Kindern. Sie sind seit jahren das erste Mal rundherum zufrieden.

Für sie, wie für mich, war es von großer Bedeutung, hier hinkommen zu können, mit dem Bewußtsein: Wir bleiben jetzt hier. Das ist unsere Wohnung. Hier kommt keiner rein, den wir nicht wollen! Dieses Mal ist alles seinen besten Weg gegangen.

Ich mache jetzt all das, wozu ich Lust habe. Ich habe angefangen *Biotanz*, eine Art Tanztherapie, zu machen, ich setzte die Stunden bei meiner Psychologin fort und ich genieße es, mit meinen Kindern zusammenzusein. Das erste Mal seit Jahren haben wir hier in diesem Haus ein Fest veranstaltet, mit Leuten, mit denen ich Lust hatte zusammenzusein.

Ich habe mich wirklich wieder selbst gefunden. Ich war in der Beziehung zu meinem Mann an einen Punkt gelangt, an dem ich mich wie ein Parasit fühlte. Keiner hat sich uns genähert, wir hatten keine Freunde und waren von allem total ausgeschlossen. Ich glaubte, ich

wäre die, die nicht fähig ist, Kontakte zu knüpfen, aber jetzt nach anderthalb Jahren, hat sich die Situation total verändert.
Und wenn ich eine Bilanz ziehe, kann ich nur sagen, daß es sich zum Positiven gewandt hat, weil... selbst mit Laura wird die Beziehung ganz langsam besser, wir können wieder miteinander reden. Ich denke, daß sie von der Situation am meisten betroffen war, und sie hat sich ganz in sich zurückgezogen. Sie fühlte sich betrogen, weil ich nichts von dem sexuellem Mißbrauch wußte und nichts gemacht habe, denn ich war die Frau dieses Mannes. Wir sind immer noch dabei, uns wieder anzunähern. Es gab auch Zeiten, in denen sie sich nicht einmal umarmen ließ. Wir haben lange und oft darüber miteinander gesprochen.
Meine Zukunft? Zunächst einmal, fühle ich mich sehr zufrieden mit dem was ich gemacht habe. Natürlich gibt es noch Probleme, so z.B. daß ich immer mit dem letzten Pfennig in der Tasche herum laufe, und es reicht gerade für die nötigen Ausgaben, oder die Trennung ist noch nicht ganz durchgestanden, und ich müßte noch eine Menge Geld aus dem gemeinsamen Betrieb bekommen. Aber alles in allem reduzieren sich die Probleme auf die finanzielle Ebene. Diese materiellen Dinge erschrecken mich weniger. Ansonsten kann ich nur sagen, daß es immer besser wird. Ich lebe eine sehr positive Zeit, ich habe mich auch wieder mit meinen Eltern angefreundet und versuche jetzt meine wirkliche Identität zu finden.
Mich als Frau zu definieren fällt mir wirklich schwer. Ich weiß, daß noch viele Sachen in mir sind, die noch nicht rausgekommen sind. Ich bin ein Muttertyp, das sagen sie mir alle. Ich versuche noch zu lernen, was es bedeutet auch Frau zu sein.
Es ist schwierig das ‘Mamasein’ und das Frausein miteinander zu verbinden, besonders, wenn du gewohnt bist, dich um jeden und alles mögliche zu kümmern. Zuerst deine Mutter, die müde von der Arbeit kam, dann den Vater, der betrunken im Sessel lag, auf die Brüder aufzupassen ... und nach der Heirat, hattest du wieder einen Mann und Kinder, um die du dich kümmern mußtest. Das heißt du hast eine große Veränderung durchzumachen. Es fängt schon bei Kleinigkeiten an, wie zum Beispiel, das dreckige Geschirr stehen zu lassen. Jetzt kann ich es schon einige Stunden lang, vorher war das absolut nicht möglich.

Ich habe eine Schule mit Biotanz angefangen und alle drei Wochen fahre ich das Wochenende zu einem Fortbildungskurs. Ich bin also gezwungen meine Kinder unterzubringen, meine Arbeit auf dem Markt zu regeln, so daß ich auch diese drei Tage ohne Gewissensbisse in Ruhe nach Como fahren kann.
Ich denke die größte Veränderung, die ich in dieser Zeit durchgemacht habe, war, zu begreifen, daß ich selbst etwas tun kann und auch andere um Hilfe bitten kann, besonders letzteres. Ich habe verstanden, daß ich wieder von vorne anfangen kann – wenn ich dabei auch Hilfe erbitten kann. Auch wenn jemand sie dir verweigert, macht das nichts. Das zu verstehen, war für mich eine wirklich große Veränderung.

Maria: Nachdem im Frauenhaus nicht sofort ein Platz frei war, bin ich erst wieder zu ihm zurückgegangen. Ich habe nichts mehr gesagt, habe versucht nicht mehr zu streiten und nicht mehr auf seine Provokationen einzugehen, obwohl ich in einem ständigen inneren Konflikt zu ihm stand.
Der Scheidungsantrag lief. Auf einmal wurde mein Mann sich darüber klar, daß unser Kind bei mir bleiben würde. Das konnte er natürlich nicht so akzeptieren. Er hat dann eine richtige Erpressungsreihe eingeleitet. Er würde sich nur dann im gegenseitigen Einverständnis scheiden lassen, wenn ich den Ausreiseantrag für meinen Sohn stellen würde. Das wollte ich natürlich nicht, ich konnte ihm nicht mein Kind geben, ich hätte es nie wieder gesehen. Dies Auseinandersetzung ist bis heute noch nicht abgeschlossen. Das Jugendgericht hat mir das Kind zugesprochen, unter der Bedingung, daß er es immer dann sehen kann, wann er es will. Die Tatsache, daß ich das Kind 'entführt' hatte, als ich in die Ferien gefahren bin, ist negativ bewertet worden.
Die kontinuierlichen Beratungsgespräche haben mir sehr geholfen. Anna Maria hat mir Tips gegeben, dann war mir auch die Anwältin des Frauenhauses eine große Hilfe. Also ich habe moralische, seelische Unterstützung und Rechtshilfe bekommen.
Die Gewaltausbrüche, die ich durch meinen Mann erfahren habe, bewegten viel in mir. Vor allen Dingen habe ich meine Freiheit verloren.

Das ist das, was ich am schwersten ertrage. Freiheit, was heißt das? Die ganze Solidaritätsarbeit für Lateinamerika ist mir durch ihn genommen worden, weil ich nun nicht mehr hinfahren kann. Darüber hinaus sind meine alltäglichen Kosten enorm gestiegen, z.B. die Kosten für den Anwalt. Die Konsequenz für mich heißt, daß ich nichts anderes mehr nebenbei machen kann. Ich bin praktisch lahmgelegt.
Als der Richter die Gefahr erkannte, daß mein Mann das Kind aus Italien verschleppen könnte, wurde mir das Recht zugesprochen, während der Besuche des Vaters bei dem Kind anwesend zu sein. Das bedeutet auch, daß ich verantwortlich bin, wenn etwas passiert. Wenn ich ihm zum Beispiel erlaube, mit dem Kind eine Pizza essen zu gehen, und er kommt nachher nicht zurück, sagt der Richter: "Meine Liebe Dame, ich habe es ihnen schwarz auf weiß gegeben. Sie müssen auf ihr Kind aufpassen."
Wenn ich die Situation im Ganzen betrachte, fühle ich mich schlecht. Vor der Beziehung ging es mir besser. Ich merke jetzt, wie gut es mir vorher ging. Ich bin wirklich um einige Schritte zurückgeworfen worden. Es gab Momente, in denen ich mich wieder ins Mittelalter zurückversetzt fühlte.

Tania: Als ich in meine Wohnung zurückkam, konnte ich mich nur sehr schwer wieder einleben. Lange Zeit war ich total unruhig. Ich habe sofort den Namen an der Klingel durch meinem Geburtsnamen ausgewechselt. In der Wohnung habe ich schwarze Vorhänge vor die Fenster gehängt, so daß ich zwar tagsüber lüften und die Fenster öffnen konnte, abends aber alles dicht verrammeln konnte. Ich bin wirklich angsterfüllt wieder nach Hause gekommen. Diese noch fast von Panik besetzte Situation dauerte ungefähr von September bis Februar. In der Zeit habe ich mich in meiner Wohnung verschanzt. Jetzt ist noch ein bißchen Angst geblieben, wie z.B. ihn auf der Treppe zu treffen.
Mittlerweile habe ich die Ehe mit dem Freund von ihm, dem Rumänen, beendet, was ich ohne seine Anwesenheit machen konnte. Zur Zeit hält er sich wieder in Bologna auf. Natürlich habe ich nicht das geringste Bedürfnis, ihn zu treffen, weil er diesen anderen Mann kennt, und ich Angst habe, er könnte ihm von mir erzählen.

Nach dieser Erfahrung bin ich keine anderen Beziehungen mehr eingegangen, und das ist jetzt praktisch zwei Jahre her. Ich wollte vor allen Dingen verstehen, warum mir diese Dinge passiert sind. In der Zwischenzeit habe ich sehr viel gearbeitet, weil ich Schulden hatte. Die Arbeit hat mir viel Kraft gegeben und ich fühle mich innerlich gestärkt, denn ich habe gemerkt, daß ich ein Mensch mit einigen Fähigkeiten bin, und es alleine schaffen kann.
Gleichzeitig wollte ich sicherlich auch einen Mann treffen, der anders ist. Jedesmal wenn das dann passiert ist, habe ich von vorneherein versucht, die Situation zu erklären, und habe gesehen, daß ich auch allein zurechtkomme. Ich dachte, es sei sicher richtiger, nicht wieder in eine Beziehungen hineinzuschlittern, die mir Schaden könnte.
Ich habe nicht das Vertrauen verloren, sondern ich habe verstanden, daß das Problem in mir ist. Ich war es, die sich gewisse Situationen gesucht hat. Ich war natürlich im guten Glauben, daß es richtig ist, diesen anderen Mann zu mir einzuladen. Dann ist das passiert und ich weiß jetzt, daß es ein Teil von mir war, der diese Situation forciert hat. Auf der einen Seite gelang es, mir die Situation logisch klar zu machen, auf der anderen Seite landete ich wieder in den Verstrickungen. Das erste was ich nach dieser Erfahrung tat, war also, diesen Knoten in mir zu lösen. Und ich habe es weitgehend geschafft.
Ich muß noch sagen, daß ich vor dieser Situation noch andere Erfahrungen mit Männern gemacht hatte, die mir viele Probleme und Schwierigkeiten bereitet hatten, aber die Gewalt ist dort niemals so eskaliert. Ich habe in meinem Leben nie eine lange Beziehung gehabt, die auf gegenseitigem Respekt beruhte, sondern immer nur sehr komplizierte Beziehungen, die mich entweder seelisch verletzt oder finanziell ruiniert haben.
Ich habe diesen ganzen Mechanismus, also meine Art, mich zu verhalten, durch die täglichen buddhistische Meditationen verstanden: Alles das, was ich außerhalb von mir sah, meine Männerbeziehungen, meine Beziehung zu meinen Eltern, hing davon ab, wie ich selber war. Ich habe angefangen, die Beziehung zu mir selbst zu vertiefen, mehr die positiven Seiten in mir zu erkennen und zu leben, als die negativen, und so hat langsam ein Veränderungsprozeß in mir eingesetzt.

Ich habe verstanden, daß ich ein Mensch werden muß, der sich selbst weit mehr respektiert, damit ich andere Menschen finden kann, die mich respektieren. Die Meditationen haben mich gelehrt, daß meine Umgebung der Spiegel dessen ist, was ich bin. Also wenn ich mich verbessere, verbessert sich auch meine Umgebung. Alles ist miteinander verbunden. Mit diesem Wissen, dem Verständnis um diesen Mechanismus und weil ich es so wollte, habe ich mich Tag für Tag ein wenig verändert. Natürlich habe ich Zeit gebraucht. Eine wirkliche Veränderung ist keine einfache Sache.
Kürzlich ist es mir passiert, daß ich während eines Kurses für Restauration in Frankreich einen Mann kennengelernt habe, der ganz anderes war, als die Männer, die ich bislang kannte. Ich denke es lag an meiner Veränderung. Für mich war das ein positives Ergebnis.
Es hat sich viel in meinen Beziehungen zu den Menschen verbessert. In meiner Arbeit als Kindergärtnerin beschäftige ich mich den ganzen Tag mit Kindern. Es ist nicht gerade das, was ich wirklich will, aber es gibt mir die Möglichkeit, mir meinen Lebensunterhalt zu verdienen, und das ist so in Ordnung für mich. Im allgemeinen wird die Arbeit im Kindergarten als eine minderwertige Beschäftigung bezeichnet, aber ich stürze mich mit all meiner Energie in die Arbeit mit den Kindern, und in jenen Augenblicken ist es die wichtigste Sache für mich, denn es liegt an mir, ob ich die Situation verbessere oder verändere. Dementsprechend haben sich auch die Beziehungen zu den anderen Leuten – ich spreche z.B. von den Arbeitskollegen – erheblich verbessert.
Mein Wunsch für die Zukunft ist es, eine wirklich selbständige Frau zu werden, finanziell abgesichert und allein fähig, mit dem Leben fertig zu werden. Dies ist etwas, was ich bisher nie in meinem Leben hatte. Jeden Tag mußte ich von neuem um die alltäglichen Dingen kämpfen. Darüber möchte ich natürlich, daß sich die Beziehungen zu anderen Menschen noch weiter ändern, aber in erster Linie möchte ich mein eigenes Leben verbessern. Das sind meine Ziele.

Audrey: Die Sozialarbeiterin der Stadt hat uns die Wohnung besorgt, in der wir jetzt leben. Ich habe mich sofort in dieser Wohnung wohl gefühlt, meine Kinder auch. Meine Freunde haben mich beneidet und gesagt, ich hätte es wirklich richtig und gut gemacht. Nein nicht nur ich allein, ich habe einfach die richtigen Leute getroffen, das ist alles. Als wir in diese Wohnung zogen, hat mein Mann sofort wieder mit dem Streß angefangen. Er ist in die Wohnung gekommen und gab irgendwelche dummen Ratschläge, sagte ich solle dieses oder jenes machen. Wir sind noch nicht gesetzlich getrennt, von daher hat er das Recht zu machen, was er will.

Einmal stand er abends spät auf der Matte und hat angefangen mit mir zu streiten. Es war fast schon Mitternacht. Er hat mir gedroht, ich solle sofort mit ihm mitkommen, und wenn nicht freiwillig, dann mit Gewalt. Er hat gedroht, mich umzubringen. In dem Augenblick habe ich es noch geschafft aus der Tür zu rennen, bei einer Nachbarin zu schellen und sie zu bitten, die Polizei anzurufen. Wegen der Kinder bin ich zurück in die Wohnung gegangen, in der er weiter wütete. Schon fünf Minuten später hörte ich die Tür, und wußte, daß die Polizei gekommen war. Sie kamen in die Wohnung, sahen was passiert war und hielten ihn auf. Als sie ihn abführen wollten, hat er sich so gewehrt, daß sie Verstärkung anfordern mußten. Er hat ein totales Theater veranstaltet. Er wollte die Polizisten anzeigen, weil sie ihn geschlagen hätten. Er warf sich dann noch zu Boden, um irgendwelche Verletzungen aufweisen zu können. Die Polizisten ihrerseits haben Gegenanzeige erstattet, was ihm eine gesalzene Geldstrafe einbrachte.

Ich habe jetzt keine Angst mehr vor ihm. Ich habe ihm gesagt: „Wenn dir deine Freiheit lieb ist, komm nicht hier ins Haus, oder ich zeige dich an. Die Kinder sind groß und können dich besuchen, wann sie wollen." Denn jedes Mal wenn er kommt, gibt es Krach.

Meine Zukunft hängt jetzt von mir ab. Wenn ich bei meiner Entscheidung bleibe, liegt zunächst die Scheidung an. Ich habe dann zwar kein luxuriöses Leben, dafür aber ein ruhiges. Es ist gar nicht so leicht, sich scheiden zu lassen. Zuerst muß ich die Trennungszeit durchsehen und dann kommt die Scheidung. Dafür muß ich mit meinen Mann nach Afrika gehen. Ich habe mit dem Richter dort gesprochen, und er hat gesagt, daß er mit mir und mit meinem Mann zusammen sprechen will, wenn ich mich scheiden lasse wolle, was bedeutet, daß ich nach Afrika fahren muß.

Eigentlich will ich auch hier in Italien bleiben. Ich habe keine Eile wieder zur Elfenbeinküste zurückzukehren. Die Situation der Frauen in Afrika ist anders als hier. Dort können die Männer ihre Frauen schlagen soviel sie wollen. Sie üben Gewalt aus, und niemand macht etwas dagegen. Es gibt keine Perspektiven dagegen. Wer als Frau weggehen will, ist frei es zu tun. Aber es gibt keine Frauenhäuser gegen Gewalt, oder andere Strukturen, die dir helfen könnten.
Ein Onkel meines Mannes, der in Paris lebt, sagte kürzlich zu ihm: Wenn du mit deiner Frau nach Afrika zurückgehst, und sie hier in Europa diese Art von Häusern besucht hat, paß auf, daß sie nicht in Afrika diese Häuser einrichtet, denn dann würden wir alle unsere Frauen verlieren. Scherz beiseite, es gibt eine große Armut, die praktisch alles, den ganzen Lebensstil bestimmt. Die Frauen binden sich an die Männer und sind finanziell von ihnen abhängig.
Gewalt ist öfter in den sozial schwachen Familien zu finden, in denen nur der Mann berufstätig ist, denn wenn eine Frau arbeitet, ist für sie die Entscheidung, den Ehemann zu verlassen, schon wegen der finanziellen Autonomie sehr viel leichter. Für Frauen in Afrika ist die Trennung sehr viel schwieriger, weil wir Frauen es nicht anders gewohnt sind. Wir haben gelernt, uns der Herrschaft des Mannes zu fügen.
Diese Zeit in Italien und der Kontakt mit dem Frauenhaus hat sehr viel für mich verändert. Ich fühle mich jetzt ganz anders. Ich mache meine Sachen für mich, ohne mich jemandem unterzuordnen. Ich bin mein eigener 'Herr'.

Selbsthilfegruppen *Nontiscordadité (Vergiß dich nicht)*

1992 wurde im Frauenzentrum, erstmals neben den individuellen Beratungsgesprächen, die Möglichkeit einer Selbsthilfegruppe angesprochen, an der mißhandelte Frauen teilnehmen sollten. Die Gruppe sollte den Frauen die Möglichkeit geben, gemeinsam an ihren Gewalterfahrungen zu arbeiten.
Seit dem positiven feedback der ersten Gruppe sind diese Nonscordadité-Gruppen zu einem festen Bestandteil der Arbeit im Frauenzentrum geworden.

Die Organisation und die Leitung der neuen Gruppen wird von zwei Mitarbeiterinnen des Zentrums übernommen. Das Ziel ist es, in erster Linie die Selbstachtung der Frauen zu stärken und das Trauma der Gewalterfahrung aufzuarbeiten, wobei gleichzeitig auch das Vertrauen in sich selbst und die Fähigkeit, eigene Entscheidung zu treffen, gefördert werden.
Im Gegensatz zu den individuellen Beratungsgesprächen hat in der Gruppe jede Frau die Möglichkeit, sich mit anderen Frauen auseinanderzusetzen, die ähnliche Erfahrungen gemacht haben.
Teilnehmen können nur Frauen, die vorher schon mit dem Frauenzentrum in Kontakt standen, entweder haben sie an den individuellen Beratungsgesprächen teilgenommen oder im Frauenhaus gewohnt. Gemeinsam mit ihrer betreuenden Mitarbeiterin bespricht die Frau, ob die Gruppe zu jenem Zeitpunkt ein wichtiger Schritt in ihrer Entwicklung sein könnte, welche Erwartungen sie an die Gruppe stellt, und ob sie bereit ist, anderen Frauen zuzuhören. Allen Teilnehmerinnen wird erklärt, daß die Arbeit in der Gruppe oft alte Wunden öffnet, und so auch Momente des Leiden auftauchen können. Es sei deshalb auch sehr wichtig, auch für die anderen Empatie zu empfinden. Wenn sich eine Frau in einer akuten Gewalt-, Streß- und Leidensphase befindet, wird ihr zunächst eine Reihe individueller Beratungsgespräche vorgeschlagen, und die Arbeit in der Gruppe auf einen späteren Zeitpunkt verschoben.
Eine wichtige Erfahrung der Frauen, nach einer vielleicht jahrelang erduldeten Gewaltsituation in fast völliger Isolation, ist die Möglichkeit, in der Gruppe das Schweigen zu brechen. Sie berühren eine Wirklichkeit, die die Gewalt nicht als ein subjektives Erleben erfaßt, sondern als ein allgemeines soziales Problem.
Jede Gruppe besteht aus höchstens acht Frauen, die sich für drei bis fünf Monate wöchentlich treffen. Nach diesem ersten Zyklus wünschen viele Frauen, die Gruppe fortzusetzen, und die Erfahrungen gemeinsam zu vertiefen. Es entstehen so die eigentlichen Selbsthilfegruppen, die im Frauenzentrum einen Begegnungsort gefunden haben und die Mitarbeiterinnen jeder Zeit um Rat und Hilfe bitten können.

Von 1992 bis 1996 hat das Frauenzentrum 9 Gruppen mit insgesamt 50 Teilnehmerinnen initiiert.
In den mir bekannten Gruppen arbeiten die Frauen hauptsächlich mit folgenden Themen: Selbstachtung und Abhängigkeitstrukturen, psychische und körperliche Mißhandlung, Suche nach der eigenen Identität, Eßstörungen und die Entwicklung eines eigenen Körpergefühls.

Im folgenden ein Beitrag einer Frau, der zur Zeit meiner Studie in einer Selbsthilfegruppe entstanden ist.

Es ist das Feuer, das uns Frauen vereinigt und dort hin begleitet, zum *Haus*, damit wir uns dort treffen und uns und unserem Feuer zuhören. Das Feuer ist die Kraft der Erneuerung und die Kraft der Veränderung. Diese Kraft des Feuers habe ich während der ersten Begegnung mit den anderen Frauen der Gruppe gefühlt.
Wir alle kommen aus Erfahrungen der Zerstörung und des Leidens, in einigen Augenblicken haben wir sogar uns selbst und in uns selbst einige der tiefgründigsten Seiten vergessen: Die 'Kreatorin' in uns, diese Kraft, die alle Frauen haben, um aus den Trümmern aufzustehen und 'neues Leben' wachsen zu lassen.
Schon als wir mit den Mitarbeiterinnen des Zentrum gearbeitet haben, aber auch später in der von uns autonom geleiteten Gruppe habe ich immer dieses Feuer gespürt.
Am Anfang war es, als ob die Mitarbeiterinnen uns an die Hand genommen hätten, um den Weg zu zeigen, der nach 'Hause' führt. Und später alleine, auch trotz der Schwierigkeiten ist es sehr schön gewesen, zwischen den Worten ab und zu unseren 'kreativen Kraft' funkeln zu sehen.
Jede von uns hat die Gruppe um ein besonderes Talent bereichert. Jede von uns ist wirklich ein einzigartiges Universum, die sich gemeinsam mit den anderen ausbreitet und 'neues Land' kreiert, indem sie das 'Land' der anderen Frauen berührt.
Ja, wenn ich an die Frauen denke, die ich im Frauenhaus kennengelernt habe, denke ich an die speziellen Fähigkeiten jeder einzelnen von ihnen, nein jeder einzelnen von uns. Das natürliche Talent konnte

sich entwickeln, weil wir zusammen waren, und weil wir alle auf Grund der Kraft der Veränderung zusammengekommen waren.
Wir widmeten uns der Arbeit an unseren Ruinen, um wieder nutzbar zu machen, was zerstört worden war, und mit unserer wiedergefundener Freude Neues aufzubauen.
Die Fähigkeit der Frauen diesen Zyklus: Leben – Tod – Geburt zu folgen, ließ mich immer mehr unser 'Sein' lieben, und welch große Freude bereitete mir der Gedanke an die Menge der Kreativität, die wir in jedem Augenblick in Bewegung setzten, und wieviel Kreativität noch in uns war und ist, die nur darauf wartet, hervorzukommen, wenn wir bloß uns selbst nicht vergessen.

Alessandra 1.6.96

Die Filmgruppe

Diese Gruppe, bestehend aus 6 Frauen und zwei Mitarbeiterinnen des Frauenzentrums, hatte sich zusammengefunden, um gemeinsam an ihren Gewalterfahrungen zu arbeiten und sich gegenseitig in ihrer Entwicklung zu einem neuen Selbstbewußtsein zu unterstützen.
Zudem waren die Frauen dieser Gruppe daran interessiert, an einem Filmprojekt teilzunehmen. Sie wollten einen Beitrag zu einer intensiveren Öffentlichkeitsarbeit leisten, aber vor allem mit ihren Erfahrungen und Entwicklungsschritten, anderen Frauen, Mut machen, aufzubrechen, und sich aus ihren gewaltbetonten Beziehungen zu lösen.
Am ersten Tag trafen sich also sechs Frauen im Frauenzentrum, von denen sich der größte Teil nur vom Sehen kannte. Langsam wurden sie miteinander warm und faßten Vertrauen zueinander. Zwei Mitarbeiterinnen aus dem Frauenzentrum koordinierten die Gruppe, indem sie Diskussionsthemen und Übungen vorschlugen, jedoch wurden die Teilnehmerinnen in kurzer Zeit selbst die Protagonisten des Geschehens.
Die zwei Kamerafrauen hielten sich eher im Hintergrund und schon nach ein paar Minuten war das 'Lampenfieber' der Kamera vorbei. Die Frauen vergaßen alles um sich herum und konzentrierten sich nur auf sich selbst.

Zunächst wurden die einzelnen Gruppenteilnehmerinnen den anderen Frauen vorgestellt. Jeweils zwei Frauen setzten sich zusammen und interviewten ihre Partnerin über ihr Leben und ihre individuellen Erfahrungen. Dann stellte die Interviewerin die Interviewte den anderen Frauen vor. Das zunächst schwierige Reden über sich selbst vor einer Gruppe wurde so leise abgebaut.
Nach diesen Vorstellungen folgten über mehrere Sitzungen hinweg Übungen, Rollenspiele, Phantasiereisen...

Die Angst bleibt

Viele Frauen, die sich in lebensbedrohenden Situationen befanden, sei es in der Beziehung zu ihrem Partner oder in einer von Außen verursachten Gewaltsituation, wie bei einer Vergewaltigung oder anderen körperlichen Angriffen, kommen mit einer Angst in Berührung, die Panik verursachen kann. In vielen Frauen bleibt eine spürbare Angst bestehen. Die Konsequenzen daraus sind Verhaltensveränderungen und Mißtrauen.
In der Selbsthilfegruppe versuchen die Frauen zu ergründen, in welcher Weise sie die Gewalterfahrung beeinflußt hat, wie die Angst auf ihr Verhalten wirkt, und ob es eine Möglichkeit gibt, diese Angst zu verringern, zu verändern, oder gar auszumerzen?

Tania: Es ist nun schon ziemlich lange her, daß ich diesen Menschen zum letzten Mal gesehen habe, aber jedes Mal, wenn ich jemanden auf der Straße sehe, der ihm ähnelt, werde ich wieder von einer panikartigen Angst überfallen. Ich kann da gar nichts dagegen machen.
Diese Erfahrung der Todesangst hinterläßt ganz starke Spuren in dir. Du kannst andere Dinge machen, du kannst dich verändern, aber diese Angst bleibt. Ich frage mich, ob diese Angst immer in mir bleibt?

Irena: Meiner Meinung nach bleibt diese Angst.
Man muß – und dies ist ziemlich schwierig – die Situation umkehren, sie sich zu Nutze machen. Damit meine ich, sich stark zu machen,

um der Gewalt in bestimmten Situationen vorzubeugen. Aber gleichzeitig mußt du dein Selbstwertgefühl aufbessern, so daß du deine Stärke in dir fühlen kannst, um vielleicht Dinge zu machen, die du normalerweise nicht machst. Der Prozeß dauert, meiner Meinung nach, ziemlich lange.
Bevor ich die Vergewaltigung erlebt habe, wußte ich gar nicht wirklich, was Angst bedeutet. Ich habe mich nie in Situationen befunden, in denen ich Angst haben mußte. Als es mir dann passierte, war es wie ein Schock für mich. Jetzt habe ich begriffen, daß ich vor Menschen und Männern Angst haben kann.

Maria: Ich denke, wenn man einmal die Erfahrung der Angst gemacht hat, bleibt auf jeden Fall ein bedingter Reflex. Es ist, als ob sich Alarmglocken melden. Also wenn du deutliche und harte Signale wahrnimmst, wird dir sofort klar, daß du abhauen mußt.

Nina: Nachdem ich mich mit meinen Erfahrungen auseinandergesetzt hatte und zum Teil verstand, warum mir dies passiert war, bin ich eine neue Beziehung mit einem Mann eingegangen. Was ich für mich festgestellt habe, ist, daß sich meine Beziehung zu Männern verändert hat: Ich kann nur in einer Beziehung leben, wenn ich die Oberhand behalte. Den Mann betrachte ich als Objekt, das ich benutzen kann, wenn ich es brauche. Ich muß den Mann dominieren, weil sonst die Angst wieder hoch kommt. Der Mann muß weniger intelligent sein als ich, denn ich weiß, daß ich noch nicht die Kraft habe mich mit ihm zu vergleichen, wenn er mir überlegen ist. Ich fühle mich total unwohl, wenn ich nicht weiß, wo die Grenzen sind, und deswegen muß ich sie kennen.
Die Tatsache, daß ich mich dem anderen überlegen fühlen muß, ist ganz klar eine Verteidigungposition.

Irena: Ich denke, es ist umgekehrt. Ich denke, die Gründe, die zu einer Gewalttat führen, passieren eher auf einer gefühlsmäßigen Ebene, als auf einer intellektuellen. Das sind auf jeden Fall meine Erfahrungen.

Nina: Ich denke, viel wichtiger als vor der Angst zu fliehen, oder deine eigene Stärke zu finden und aus dir herauszuziehen, ist es, ein Bewußtsein über sich selbst zu erlangen, eine eigene Identität zu finden, und zu sehen, was unsere Ängste ausmachen. Aber diese Arbeit muß man alleine machen, weit weg von den Männern. Wir müssen unsere Ängste kennenlernen und mehr noch, als sie anzugehen, sie akzeptieren und sagen: sie sind ein Teil von mir und dieser Teil verursacht Leid, aber ich werde diesen Teil in mir akzeptieren, denn während du mit deinem positiven und gesunden Teil das akzeptieren kannst, was dir an dir nicht gefällt – denn keinem gefällt es, Angst zu haben – verlieren diese Ängste langsam ihre Kraft. Ich für mich habe es so erlebt, und lebe es noch Tag für Tag so. In manchen Momenten kommen diese Ängste hoch. Ich sage mir: er ruft an, er kommt vorbei... Es wird so sein oder nicht. Ich kann es nicht ändern, aber ich muß diese Zweifel in mir akzeptieren. Man kann dies nicht von heute auf morgen verändern. Wenn du mit deiner ganzen Persönlichkeit und Identität dich wirklich mit deinen Ängsten akzeptierst, fangen sie an, schwächer zu werden.

Tania: Wie auch immer, die Angst bleibt, wenn du jemanden triffst der körperlich stärker ist als du selbst.
In mir ist diese Angst geblieben. Ich kann irgendeinen Menschen treffen, der vielleicht auch nett zu mir ist, aber theoretisch die Kraft hat, sich auf jeden Fall stärker fühlt und der so hypothetisch gewalttätig reagieren könnte. Ich kann diese Ängste nicht akzeptieren, es gibt so viele Menschen die ihre Probleme mit Gewalt zu lösen versuchen.

Nina: Ich denke, du kannst die Angst überwinden. Die Gewalt und die Gewalterlebnisse sind in dir. Du hast sie schon gespürt, bevor du die Eskalation der Gewalt erfahren hast, in deinem Leben erlebt, auch wenn du nicht sofort ins Frauenzentrum gegangen bist. Also ist der Moment, in dem wir uns bewußt mit der Angst konfrontieren, nicht der Moment, indem die Angst entstanden ist. Seit deiner Geburt trägst du die Angst mit dir herum.

Maria: Du hast von der Angst vor körperlicher Gewalt gesprochen. Ich habe viel mehr Angst vor der institutionellen Gewalt. Und zwar aus folgenden Gründen:
Am Abend, bevor ich mit meinem Sohn in die Ferien fahren wollte, sagte mir mein Mann, das Kind würde nicht mitfahren. Alles war fertig. Die Koffer waren gepackt, ich hatte das Visum und das Flugticket und er sagt, unser Kind dürfe nicht mitfahren, ich könne alleine fahren. Und als ich ihn nach dem Motiv fragte, meinte er, er müsse seine Beziehung zum Kind wieder verbessern. Seit Monaten schaut er sein Kind nicht an, und dann in meinen zwei Wochen Ferien will er alles wieder aufholen. Ich habe ihm gesagt, er solle auf seine Ferien im August warten, die er mit seinem Sohn verbringen wollte. Er fing an zu schreien, wenn ich fahren würde, würde er mich anzeigen. Ich habe das nicht geglaubt. Oft, wenn man streitet, wirft man sich die schlimmsten Sachen an den Kopf, die man aber später nicht einlöst.
Am Morgen darauf bin ich mit meinem Kind zum Flughafen gefahren. Drei Stunden bevor das Flugzeug abflog, ist er zur Polizei gegangen und hat mich angezeigt. Die haben ein Fax zum Flughafen Malpensa geschickt, mit der Anordnung mich aufzuhalten. Als ich im Flughafen ankam gab es einen Kontrollblock für alle Passagiere, die nach Kuba fliegen wollten. Die Polizei hat mich angehalten und in einem Raum festgehalten. Sie sagten mir, das Kind bliebe hier, wenn ich wollte, könnte ich gehen. Aber ich laß doch mein Kind nicht bei der Polizei und fahre dann gemütlich in die Ferien.
Ich konnte keinen Anwalt anrufen, da ich dann das Kind hätte alleine lassen müssen. Die Zeit verging, das Flugzeug war weg, und irgendwann kam mein Mann in Tränen aufgelöst an und versuchte Mitleid zu erhaschen. Wir konnten dann gehen. Ich habe dann mit meinem Sohn alleine zwei Wochen Ferien in Ligurien gemacht.
Die Anzeige wegen Kindesentführung lief, wir sind zwar sofort gemeinsam zum Gericht gegangen, um die Anzeige zurückzuziehen, aber nach sechs Monaten flatterte mir eine Vorladung ins Haus, ich solle mich umgehend beim Jugendamt melden. Das Jugendgericht hatte trotz des Rückzugs der Anzeige eine Untersuchung eingeleitet über meinen Umgang mit meinem Kind. Eine Freundin, die beim

Jugendamt arbeitet, hat mich gewarnt, ich solle mir sofort einen Anwalt besorgen, um das Sorgerecht für mein Kind zu behalten. Während dieser Untersuchung, die sechs Monate gedauert hat, haben sie mir meinen Paß entzogen und mir verboten, mit meinem Kind im Ausland Urlaub zu machen. Diese ganze Geschichte war sehr erniedrigend. Außer der Gewalt, die ich von meinem Mann erfahren hatte, bekam ich noch die ganze Gewalt des staatlichen Machtapparates und der Justiz zu spüren.

Nina: Aber fühlst du denn nicht oft Angst und Wut?

Maria: Alles beide: die Wut, die Handlungsunfähigkeit und die Angst. Die Angst, weil das Risiko besteht, daß mein Mann das Kind nach Kolumbien entführt, mit dem Vorwand, das Kind seinen Eltern vorstellen zu wollen.
Ich fühle die Unfähigkeit, irgend etwas zu machen, weil ich vom Jugendgericht abhängig bin. Sie haben sechs Monate lang den Fall bearbeitet, ohne Ergebnis, aber es ist nicht so, daß der Fall fürs Gericht abgeschlossen wäre. Die Akte bleibt offen. Ich fühle mich wie eine 'hypothetische Mutter', die ständig kontrolliert wird. Ich kann das absolut nicht akzeptieren.
Diese Situation erzeugt meine Angst vor den Institutionen. Sie haben die Macht über dich. Sie können über dich und dein Leben entscheiden. Es macht mich tierisch wütend, aber ich ich fühle mich wie gelähmt den Institutionen gegenüber.
Die Angst gegenüber meinem Mann ist eine andere. Bis zu dem Moment, an dem er mich krankenhausreif geschlagen hat, hatte ich nie das Gefühl, daß er mir Gewalt antun könnte, oder vielmehr, daß ich mich nicht mehr wehren könnte.
Nachdem es passiert ist, habe ich eine fürchterliche Angst gehabt. Zum ersten Mal ist mit bewußt geworden, daß er mir Schaden zufügen kann und ich Angst vor ihm haben muß.
Es ist keine Angst, die mich lähmt oder die Angst des Opfers. Ich weiß, daß ich ihm gegenüber Angst haben muß.

Ilisa: Oft ist die Angst nicht nur eine negative Sache. Sie kann auch als ein Signal wirken. Wenn du dich gegen Gewaltsituationen 'impfst', und in eine unvorhergesehenen Situation gerätst, bist du darauf vorbereitet.
Ich mache zur Zeit einen Selbstverteidigungskurs, in dem wir auch zu den eigenen Ängsten arbeiten. Durch diese Auseinandersetzung durchleben viele Frauen des Kurses eine Phase der Angst oder Furcht – wie wir in einem gemeinsamen Gespräch in der Gruppe festgestellt haben. Es ist mehr Wachsamkeit, als Angst, die dich die Situationen sehr viel aufmerksamer erleben läßt. Du erlebst bewußter, wem du gegenüber trittst. Du vermutest und verdächtigst schneller. Es ist, als ob dir Antennen wachsen würden. Auf der einen Seite empfindest du ein unbehagliches Gefühl, weil du es vorher als ruhiger und besser empfunden hast. Dir ging es besser. Auf der anderen Seite weißt du auch durch die Zeitungen oder Fernsehnachrichten, welcher Gefahr eine Frau ausgesetzt ist. Ziel ist es, sich nicht von der Angst lähmen zu lassen, sondern sie als ein Signal zu benutzen, als etwas, mit dem du dich konfrontieren mußt. Es ist immer besser zu wissen, wann du Risiken eingehst, als unvorbereitet reinzulaufen.
Die Gewalt und Mißhandlung in einer Beziehung ist von einer sehr viel komplexeren Struktur. Die Warnsignale, wenn vorhanden, werden nur selten wahrgenommen. Eine Beziehung stützt sich immer auf ein gegenseitiges Verhalten. Und man kann es nicht als einen Zufall bezeichnen, daß in einer Ehe eine Frau viele Jahre lang Gewalt erfährt.
Es gibt viele Frauen, die immer wieder die selben Erfahrungen im Leben machen. Die neuen Partner schlagen sie wieder und wieder und wieder.
Offensichtlich haben sie keine Zeit und keine Möglichkeit gehabt, sich mit diesen Erfahrungen auseinanderzusetzen Sie werden zu sehr von der emotionalen Ebene bestimmt. Aber ich denke, wenn du dir Zeit nimmst, zu deinen Erfahrungen zu arbeiten, wenn du deine Antennen entwickelst, ist es möglich, daß du später keine gewalttätigen Partner mehr findest, oder beim ersten Anzeichen von Gewalt schnappst du dir deine Sachen und gehst.

Zwei Jahre später – Abschlußgedanken

Schon bereits nach zwei Jahren hatte sich im Leben der fünf Frauen, Nina, Tania, Irena, Audrey und Maria viel verändert. Die Gruppe, die sich eine Zeitlang regelmäßig und häufig getroffen hatte, hatte sich nach dem Abschluß der Videoarbeit aufgelöst. Vielleicht wurden einige Frauen von dem Projekt Video und Buch gehemmt, sich wirklich mit sich selbst zu konfrontieren, doch einige Erkenntnisse und Erfahrungen konnten die Frauen von diesen Treffen mit nach Hause nehmen. Alle Frauen aus der Gruppe sind noch mehr oder weniger aktiv mit dem Frauenzentrum und den Mitarbeiterinnen in Kontakt, und setzen sich auch weiterhin mit patriarchalen Strukturen auseinander. Zwei sind aktiv in die Frauenarbeit eingestiegen. So macht Irena Theaterworkshops für Frauen und Viviana bietet Biotanz-Kurse an. Auf Konferenzen und Frauenfesten findet man immer wieder die eine oder andere von ihnen.
Sie scheinen selbstbewußter geworden zu sein, und wissen eher, wo ihr Weg lang geht. Allerdings, so rosig, wie sich das anhört, ist die Situation der Frauen auch nicht. Der tägliche Überlebenskampf ist hart. Die finanziellen Schwierigkeiten werden nicht von einem auf den anderen Tag gelöst. Eine Frau aus der Gruppe hat sich von ihrem Mann überzeugen lassen, wieder zu ihm zurückzukommen.
Andere haben eine großen Schritt in ihrer Entwicklung zur Selbständigkeit gemacht.

Irena konzentriert sich stark auf die Theater- bzw. Schauspielarbeit. Zudem gibt sie Theaterkurse, die an Frauen gerichtet sind. Sie steht weiter in einem lebendigen Kontakt mit dem Frauenzentrum, unterstützt zahlreiche Veranstaltungen im Frauenzentrum und engagiert sich in der politischen Frauenarbeit.

Nina hat den Stand auf dem Markt aufgegeben und arbeitet jetzt mit behinderten Kindern. Diese Arbeit gefällt ihr sehr gut, und ist genau das, was sie für sich suchte. Letztes Jahr hat sie das Diplom als Therapeutin für Biotanz erworben, bietet zur Zeit den ersten selbst geleiteten Kurs in Bologna an. Sie lebt zusammen mit ihren Kindern und steht in einem regelmäßigen Kontakt mit einigen Mitarbeiterin vom Frauenzentrum und unterstützt, wenn sie kann, politische Aktionen.

Maria lebte damals bereits alleine in der Wohnung, hatte aber das Problem, daß ihr Ehemann das Recht von Gericht zugestanden bekommen hatte, das Kind so oft zu besuchen, wie er wollte. Bestand auf der einen Seite die Gefahr, daß er das Kind aus dem Land schmuggeln wollte, machte er fast jedes Mal Ärger, wenn er zu ihr in die Wohnung kam. Diese Situation scheint sich aber erheblich verbessert und verändert zu haben.
Maria verbindet eine freundschaftliche Beziehung mit Nina. Direkten Kontakt zu Mitarbeiterinnen im Frauenzentrum sind eher selten.

Die Entscheidung Audreys, sich von ihrem Mann scheiden zu lassen, stand noch auf wackeligen Füßen. Es stellte sich einerseits für sie als Problem dar, das Geld für die Erziehung der Kinder durch ihre eigene Arbeit zu erwirtschaften, andererseits sah sie es als schwierig an, sich allein als ausländische Frau einen neuen Bekanntenkreis zu suchen. Ihr Mann versuchte mit allen Mitteln, sie wieder zu sich nach Hause zu locken, sogar mit dem Geschenk eines Hauses in Afrika. Während einer gemeinsamen Reise zur Elfenbeinküste hat sie sich entschieden, wieder zu ihm zurückzukehren. All seine Versprechungen gaben ihr das Gefühle, daß er sich verändert hätte.
Während dieser ganzen Zeit, hatte Audrey weiterhin an den Beratungsgesprächen im Zentrum teilgenommen.
Sie mußte es noch einmal ausprobieren, hat die Sozialwohnung, die ihr die Stadt zu Verfügung gestellt hatte, verlassen, mußte aber schon nach kurzer Zeit des Zusammenlebens feststellen, daß die Gewalttätigkeit ihres Mannes wieder von vorne anfing. Sie zeigte ihn an, ist aber noch gezwungen mit ihm zu wohnen, da sie keine andere Wohnmöglichkeit hat.

Patrizia arbeitet weiterhin als Kindergärtnerin, macht aber nebenbei eine Ausbildung als Restaurateurin. Ganz wichtig sind für sie ihre buddhistischen Meditationen, durch die sie ein seelisches Gleichgewicht erlangt und sich mit vielen Fragen ihrer Identität auseinandersetzen kann. Sie ist sehr sensibel gegenüber der Frauenfrage geworden, stellt politische Fragen in den Vordergrund. Ihr Einflußbereich ist auf ihre Umgebung konzentriert, und sie versucht dort, wo sie kann, unterstützend zu helfen.

Tania: Ich habe in der Gruppe meine eigenen Gedanken bestätigt gesehen. Im Mittelpunkt stand die Auseinandersetzung mit dem eigenen 'ich' und die Reflexion des 'Erlebten' mit dem Ziel, Situationen anders einschätzen zu lernen. Jetzt, nach zwei Jahren, fühle ich allerdings, wie schwierig es ist, sich an all dies zu erinnern und die Gefühle und Emotionen bei sich zu behalten. Mehr oder weniger habe ich die Bestätigung dessen gefunden, was ich dachte: "Der Mensch muß sich verändern, damit sich Situationen dieser Art sich nicht wiederholen." Aber ich muß zugeben, daß diese Begegnungen in der Gruppe mich dahingehend verändert haben.
Was sich in diesen Jahren nicht verändert hat, ist meine permanente Anspannung. Tief in einem vergraben bleibt etwas von dieser Erfahrung hängen. Ein Mensch, der eine bestimmte Gewalterfahrung erlebt hat, kann danach nicht mehr der selbe sein. Bei mir hat dies Spuren hinterlassen. Ich fühle mich bei bestimmten Begegnungen nie niemals ruhig. Auch die Beratungsgespräche und diese Gruppe, an der ich teilnahm, konnte daran nicht wesentlich etwas verändern, die Angst davor, daß es jeden Tag wieder passieren könnte, bleibt.

Ilisa: Es ist so, daß Frauen, die in einer Beziehung Gewalt erfahren haben und die Möglichkeit hatten, diese Erfahrungen aufzuarbeiten, ein größeres Bewußtsein darüber entwickeln, was ihnen passieren kann.
Von Gewalt sind im Prinzip sowohl Männer als auch Frauen betroffen, aber in Wirklichkeit sind Frauen weitaus mehr davon betroffen, weil die Männer eine andere Beziehung zur Gewalt erlernt haben. Sie erlernen die Techniken, sich zu verteidigen und anzugreifen, während einer Frau nur gesagt wird, sie müsse die Gewalt ertragen. Ihr werden nicht die Mittel zur Hand gegeben, sich zu

verteidigen. Dies macht sie auf der einen Seite weniger angriffslustig, aber auf der anderen weitaus anfälliger dafür, zum Opfer zu werden. Wenn man sich über diesen Mechanismus bewußt wird, hat man oft ein 'Aha-Erlebnis'. Dies ist fast allen Frauen in der Gruppe passiert. Es ist, als wenn dir ein Schlüssel in die Hand gelegt würde, mit dem es dir dann gelingt, deine Umwelt zu interpretieren und zu verstehen.

Tania: Ich denke es ist sehr wichtig für Frauen, die bestimmte Erfahrungen gemacht haben, sich mit anderen Frauen auseinander zu setzen, die aufgrund von eigenen Erfahrungen um diese Probleme wissen, besonders wenn sie sonst eher zurückgezogen leben. Das Frauenzentrum ist hierbei ein wichtiger Ort, ein Orientierungspunkt, besonders weil andere Verhaltensmodelle und Verhaltenskodexe in unserer Gesellschaft fehlen. Oder du hast eine Freundin, die du kennst und ausgewählt hast, um mit ihr zu reden, aber es ist sehr schwierig Frauen zu finden, denen du deine Probleme anvertrauen kannst. Hier im Zentrum findest du Frauen mit denen du reden kannst und das ist wirklich ganz wichtig, denn du fühlst Anteilnahme, die dir wiederum Sicherheit gibt.
Eine von unseren Gesellschaftskrankheiten ist die Isolation. In vielen Situationen fühlst du dich alleine und unfähig, etwas zu machen. Gegenüber der Gewalt scheint die Frau alleine zu sein.
Wenn sie, bevor etwas passiert ist, Kontakt mit anderen Frauen hatte, die um die Problematiken wissen, kann durch eine Bewußtwerdung der Gefahren und der eigenen Verhaltensweisen die Frau aus dieser Isolierung herauskommen.

Ilisa: Alle Frauen, die am Video teilgenommen haben, haben zufällig oder bewußt, einen politischen Bezugspunkt zum Thema gefunden. Nicht für alle Frauen ist das selbstverständlich.
Alle sind sich einig, daß das Frauenzentrum ein Ort ist, wo du andere Menschen triffst, mit denen du reden kannst. Aber sie würden dies nicht als politische Arbeit bezeichnen. Natürlich liegt es auch am Frauenzentrum selbst, inwieweit es sich politisch erkennbar macht, zum Beispiel durch Konferenzen, Öffentlichkeitsarbeit, Zusammentreffen... Die Erfahrungen der Frauen öffentlich bekannt zu machen

und mit anderen zu teilen, bewirkt, daß sie in einem größeren Maße ins allgemeine Bewußtsein dringt. So geht auch die einzelne Frau gestärkt aus dieser Erfahrung heraus.
Wir Mitarbeiterinnen haben das Bedürfnis, unsere Erfahrungen mit denen anderer Zentren auszutauschen und in eine größere Diskussion zu treten, die auch politisch weitgreifende Veränderungen auslösen kann. Wir haben bislang eine kleines Netz der italienischen Frauenhäuser aufgebaut und treffen uns in periodischen Abständen, aber leider ist eine intensive politische Arbeit nicht möglich, da die Mitarbeiterinnen außerhalb dieser Treffen die meiste Zeit mit dem Alltag im Zentrum beschäftigt sind: Die Beziehungen zu den einzelnen Frauen im Zentum müssen kultiviert, und Lösungsmöglichkeit für Probleme gemeinsam gesucht werden.
Diese Treffen sind wichtig, schon weil man sich durch den Austausch eine theoretische Grundlage erarbeiten kann, aber es ist noch einmal etwas ganz anderes, sich das Ziel zu setzen, eine umfangreiche Öffentlichkeitsarbeit zu machen.
Aber je mehr du dir über die verschiedenen Problematiken bewußt wirst, und merkst wieviele verschiedene Strukturen du überwinden mußt, bevor sich etwas verändert, desto mehr fühlst du die Notwendigkeit, daß es auch andere Orte gibt, die dir bei deiner Arbeit helfen. Du beginnst sie zu suchen, dafür zu kämpfen, du willst sie.
Viele Frauen, die im Frauenhaus waren, entwickeln langsam ein politisches Bewußtsein und beginnen aktiv in der Frauenarbeit mitzuarbeiten. So kann sich das Netz immer weiter ausweiten und die Öffentlichkeitsarbeit einen immer größeren Platz einnehmen, wie z.B. Präventionsarbeit in den Schulen, Konferenzen die sich mit dem Thema Gewalt beschäftigen oder auch der Kampf für ein Fernsehen mit weniger Gewalt.

Selbstbehauptung und Selbstverteidigung für Mädchen

Christiane Lichthardt
Laut(er) starke Mädchen
Selbstverteidigung und Selbstbehauptung an Schulen
106 Seiten, 18 DM
ISBN 3-928300-32-6

Laut(er) starke Mädchen ist das Konzept einer sehr engagierten Form der Präventionsarbeit gegen (sexuelle) Gewalt. Es ist nicht übertrieben, Christiane Lichthardt als eine Pionierin auf dem Gebiet der pädagogischen Arbeit mittels Selbstverteidigung und Selbstbehauptung zu bezeichnen. Ihr Buch gibt uns Einblicke in ihre politische Motivation, in ihr Engagement und die praktische Durchführung ihrer Arbeit.

Christiane Wortberg
Bye, bye Barbie
Körpersprache und Körperbild in der Gewaltpräventionsarbeit
173 Seiten, 24,80 DM
ISBN 3-928300-72-5

Um sich im Alltag vor Grenzverletzungen zu schützen, lernen die Mädchen im Selbstbehauptungstraining, sich anders wahrzunehmen und zu bewegen, aufrecht einer bedrohlichen Situation zu begegnen, die eigene Stärke zuzulassen, laut *NEIN!* zu sagen…
Ein wichtiges und notwendiges **HANDBUCH** für alle PädagogInnen

Christiane Wortberg (Hg.)
„Macht uns nicht an !"
Tips und Tricks zur Selbstbehauptung von Mädchen für Mädchen
64 Seiten, Großformat, Hardcover, 19,80 DM
ISBN 3-928300-82-2

Mädchen einer Abschlußklasse haben unter der pädagogischen Leitung von Christiane Wortberg ein Selbstbehauptungstraining absolviert und im Anschluß daran dieses bis dato einmalige Buch geschrieben. Darin beschreiben sie mit anschaulichen Beispielen die Inhalte dieses Pilotprojektes aus ihrem eigenen Blickwinkel und reichern sie mit Alltagserfahrungen an.
Eine reichhaltige Bebilderung – u.a. zu verschiedenen Selbstverteidigungstechniken – macht neugierig und animiert die Leserinnen dazu, selbst einmal ein solches Training zu absolvieren.